Lo que no fue dicho

Seix Barral Biblioteca Breve

José Zuleta Ortiz
Lo que no fue dicho

©José Zuleta Ortiz, 2021
© Editorial Planeta Colombiana S. A., 2020
Calle 73 n.º 7-60, Bogotá
www.planetadelibros.com.co

Primera edición (Colombia): mayo de 2021
Segunda edición (Colombia): agosto de 2021
ISBN 13: 978-958-42-9420-3
ISBN 10: 958-42-9420-2

Impresión: Xpress Estudio Gráfico y Digital S.A.S.
Impreso en Colombia – *Printed in Colombia*

A la memoria de Margarita Velásquez

Gratitud

Atisbo la infancia como un débil fulgor de imágenes remotas.
Atrás todo es soluble: recuerdos confundiendo aromas y sabores,
infancia y sed; caricias y castigos.
Música en el silencio del patio.
Esplendor de una niña cruzando la paz de mi nombre.
La armonía de palabras que leía mi padre,
el placer glaciar de un helado de lulo,
el conejo de la luna en la luna,
el mar inaugurando la alegría del cuerpo,
el susurro de azúcar en la flauta traversa.
La oración que aprendí a escondidas y que decía en
silencio para no molestar al padre ateo que Dios me dio.
Atisbo la infancia disuelta en olvidos
y sé que en ella está todo cuanto puedo cantar.

I

1

En Lisboa nos alcanzó la noticia: "Ha muerto tu mamá", decía el mensaje de texto. No lloré. Entré en un retraimiento profundo. Silencio retrospectivo. Un dolor minucioso buscaba el extremo del hilo para rehacer el tejido. Los primeros recuerdos a su lado son frágiles, fragmentos de niñez, retazos de sueños. Lo cierto es que cuando tenía tres años mis padres se separaron y no la volví a ver ni a saber nada de ella hasta que tuve veintisiete. Mucho después, una vida después, me buscó. Estaba enferma. Quería contarme su vida y que yo le contara la mía. Empezó ella. Nos veíamos cada mes. Yo viajaba a Bogotá y mamá contaba. Así se estableció una carrera entre la memoria, la distancia y la enfermedad. Grabamos lo que decía. La enfermedad comenzó a minarla y su memoria se fue quebrando, se repetía. Al final parecía una cantante que ha olvidado sus letras, recordaba estrofas, pero ya no tenía consigo la canción. Allí precisamente me cedió el turno. Yo debía contar cómo había sido mi vida sin ella, mi infancia sin ella. Ahora, frente al hecho rotundo de su muerte, mi vida ignorada se impone con una nitidez nueva. Como una vindicación, como una canción que hay que cantar.

Miré las calles y vi los fragmentos de piedra que lucen los andenes de Lisboa. Recordé haber leído que luego del terremoto que la devastó en 1755, a falta de otros materiales, decidieron utilizar los escombros para reconstruir con ellos las *ruas*. Caminan sobre los lustrosos escombros de su destrucción. Recordar mi historia para contarla a mi madre será como armar un sendero con fragmentos, piedras claras, oscuras, mosaico de una vida truculenta y azarosa. Una vida nómada, nómada, sin tribu. Y que nunca oirá.

2

Después de la separación, nuestro padre nos envió a casa de la abuela Margarita. Era profunda y fresca, se extendía a lo largo de dos patios hacia el solar. La dirección parecía un acertijo: Cuba con Chile. Recuerdo a cinco mujeres persiguiendo un canario que huyó en el instante del cambio de agua. Él no quería alejarse, ni dejarse coger; intentaron varios días hasta que las convenció de que lo dejaran vivir en la casa, libre.

Me bañaban con manguera al sol, mordían mis nalgas, me estrujaban el pipí, los cachetes, la barbilla, en raptos de amor incontenibles. Miré muchos días la jaula de alambre con sus columpios quietos y el vacío del interior, sin los saltos del ave. La puerta abierta convidando, el canario a su aire cantaba. Después supe que sus trinos, su música, eran aire y él, instrumento.

Comía en la cocina, oía radionovelas con Catalina, a veces golpeaban durísimo la ropa y ya no podía oír a Solín. Me gustaba aquel nombre. Me dije: quiere decir "pequeño solo". Las pompas de jabón reventaban la luz. Entre el aroma de la ropa recién lavada me perdía en el laberinto de las sábanas tendidas en los alambres, inventaba juegos, hablaba solo, creaba confrontaciones imaginarias. Descubría la física: ¿por qué cuando un petirrojo que comparte un alambre con una paloma, vuela, el alambre no se mueve y la paloma tampoco? Y si vuela la paloma, ¿por qué el petirrojo debe bailar y hacer equilibrio hasta que pase el temblor de alambre?

Mamá se iba desdibujando, su recuerdo me llenaba de incertidumbre, ocurrió entonces el primer olvido, olvido para no sufrir. Para seguir adelante.

Además de la abuela, había cuatro mujeres en la casa: tres costureras que trabajaban para Margarita, y Catalina, que vivía con nosotros. Me la pasaba con ella.

La cocina era grande; en la mesa donde comíamos estaba el radio; canciones, la Vuelta a Colombia, "el reportero Caracol, el primero con las últimas"... Allí las mujeres hablaban de hombres, de amores y de cosas que no alcanzaba a comprender. Sentía la picardía y el misterio con que se referían a las fiestas y a los domingos. Me complacía el tono clandestino, jugaba a imaginar de lo que hablaban. Mi inocencia era cada vez menor de lo que ellas suponían. Amaba a Catalina. Cuando me miraba resplandecía de dicha.

Un día, mientras la acompañaba a doblar ropa en su habitación, propuso que jugáramos el juego de la carpa; consistía en que yo debía entrar bajo su falda y quedarme allí, arrodillado y quietecito. Ella abría un poco las piernas y me decía:

—Hay que armar la carpa.

Entonces, siguiendo sus instrucciones, cerraba el puño de mi mano derecha y lo izaba, ella lo ponía en el centro del arco que formaban sus piernas y lo sostenía presionando hacia arriba en la almohadilla que tenía en la mitad de sus calzones. Pasaban unos minutos así, de pronto ella restregaba mi puño contra su almohadilla, dejaba escapar un resoplido mientras ahogada decía: "Dios mío, Dios mío". Después aflojaba mi brazo y me sacaba de la carpa.

Me daba un beso fuerte, amoroso, me obsequiaba una Colombina y ordenaba:

—Ya, vete a jugar.

Saboreaba mi Colombina mientras miraba a la niña que ilustraba el envoltorio sentada en la punta de una luna creciente.

Yo era el preferido de Catalina, alcazaba a intuir que esa predilección tenía que ver con el juego de la carpa. Intuía también que le proporcionaba algo que ella necesitaba. Y lo mejor: era nuestro secreto. Me dijo una vez cuando le pregunté por la valentía de Solín, el niño de la radionovela *Kalimán*, que el valor de aquel niño lo adquirió guardando un secreto. Y que yo podía llegar a ser tan valiente o más, si era capaz de guardar el nuestro.

Una noche, husmeando en la biblioteca, descubrí una carpeta con grabados; en uno de ellos se podía ver un gran pipí dentro del centro de una mujer, el hombre y la mujer estaban empelotas, en una especie de contorsión gimnástica. Hice algunas cavilaciones y un día cuando estábamos solos, le enseñé a Catalina el grabado. Le pregunté que si ella ponía mi mano en donde ese señor le ponía el pipí a la mujer. Ella dijo que ya no volveríamos a jugar a la carpa. Después de mis investigaciones y de algunas preguntas a un amigo de mi abuela, supe que podía ser padre de un hijo de Catalina. Se lo comenté. Ella, después de reír, dijo que no, que eso era imposible porque los niños no podían tener hijos. Pregunté que si los enanos eran hijos de niños. Me abrazó y lloró de risa. Luego dijo que no me preocupara. Me recordó que el valor se adquiere y se mantiene guardando un secreto. Hoy sé que no es así y puedo romper la promesa. La última vez que entré bajo su falda sentí que ese lugar era una lámpara. La luz se atenuaba, la tela servía de pantalla. Las faldas son lugares, por eso mejor amplias; cuando vi las de *Las Meninas* de Velázquez pensé: "Una falda puede ser una habitación". Hay muchas maneras de estar bajo una falda y la mejor es de cuerpo entero, como bajo las faldas de Catalina.

3

En el costurero de Margarita se hacían trajes de novia. Su clientela eran las mujeres ricas de Medellín. Transcurría la década de 1960. Las Mora, las Posada, las Echavarría, las Villegas... iban a que mi abuela las vistiera. Era un trabajo en el que se trataba de ocultar la belleza y a la vez sugerirla. Vestir a una novia tomaba hasta tres horas. De allí salían para la iglesia. Eran blancas-rosáceas-sonrientes. Entretanto yo jugaba tras las cortinas o bajo la gran mesa del costurero. Me gustaban sus peinados, de gallinas copetonas o de águilas reales; verlas con sus collares de perlas y en calzones. Contaminado por sus ataques de felicidad observaba su dicha. Dicha de saberse hermosas.

Margarita destinó el salón principal de la casa como la sala de los espejos. Allí las clientas se miraban y remiraban durante horas en un éxtasis de autocontemplación. Los grandes espejos dispuestos en todas las paredes ofrecían vistas de perfil, incluso podían verse las espaldas y las nalgas. Se olvidaban de todo deslumbradas con sus propias bellezas, azuzadas por las palabras de mi abuela y de ellas mismas: "Estás espléndida", "Te queda de ataque". Pregunté qué era "de ataque", se referían a un ataque al corazón. Supe que la belleza puede matar.

Tomaban martini con hielo y un chorrito de limón, luego chismorreaban sobre hombres y fiestas. "Estás como para una portada de *Marie Claire*". Se iban más seguras de lo que habían llegado, resueltas a lo único que les interesaba: ser admiradas por sus amigas y deseadas por los hombres. En ese orden.

Escuché a la abuela decir que de la vanidad vivíamos, que la vanidad era el motor de la vida, lo que nos impulsa a ser. Luego fui descubriendo que por vanidad se hace de todo.

Un día jugaba detrás de las cortinas del salón de los espejos mientras la abuela vestía a una de las novias para su boda. La novia se acercó a la cortina, yo estaba en el suelo, me deslicé tres baldosas hacia el salón y quedé bajo una falda. Como siguiendo un libreto me arrodillé y puse mi puño contra la almohadilla de la novia, escuché un grito; de un salto la mujer se apartó, me miró aterrorizada y luego enternecida me abrazó y se atacó de la risa. Una risa nerviosa y convulsa que la hacía ajena y mía.

Otro placer era la comida. Las repollitas de Bruselas; Catalina antes de comérselas decía: "Son repollitos niños como tú". Los solomitos dorados sobre mantequilla, la arepa con la nata de la crema de leche derretida, el cernido de grosellas, el de guayaba, las uchuvas en almíbar, el molde de carne con papas y las tortas de naranja, el helado de moras de Castilla, el de coco rallado, y el arroz blanco que hacía Catalina, el más delicioso de cuantos he comido en mi vida. Me gustaba reventar las yemas de los huevos fritos y ver la lava anaranjada deslizarse lenta sobre el arroz inmaculado. Velos blancos, novias de cuerpos blancos, y el arroz de Catalina.

Muchos años después me gané un concurso con algo que escribí sobre el arroz:

Blanca dinastía de Asia / espiga de las inundaciones / nieve del trópico / lluvia en la boda/ arena de marfil / tu claridad gobierna la tierra / te caminan las palomas / los tordos en la tarde despintan una a una las líneas de tu mácula blanca / en el patio las tórtolas llevan la cuenta / tela que atrapa los colores / fondo en el que cantan los aromas / abasta tu bondad la despensa del mundo.

Aquí, desde los tantos años, agradezco haber estado aquel tiempo rodeado de belleza, en aquella casa iluminada con lámparas francesas, entre muebles de comino crespo, comiendo en vajillas alemanas, jugando sobre el piso ajedrezado. Catalina cantando entre las sábanas del patio, escuchando los trinos mentolados del canario liberto, mis ojos en el armario de tres lunas en el que podía ver más que con mis propios ojos. En los geranios se concentraba la luz de tal manera que parecía brotar de ellos. Agradezco los manteles de hilo, sus racimos de uvas en relieve en los que aprendí a contar hasta veintitrés, las fuentes de cristal para que el salpicón convidara a sus delicias. Esplendor del presente que detenía el tiempo. Ahora esplendor del pasado perdido, sostenido por el tesón de una costurera que sabía sacar partido a la vanidad. La austeridad que acompañaba aquel esplendor hacía que todo fuera natural. Recuerdo la amabilidad de aquella época en la cual las puertas de las casas del barrio Prado estaban abiertas desde la mañana hasta la noche y el único peligro era "el loco" al que nunca vi. Y que en el fondo sabía inexistente.

Las horas estaban marcadas por los sonidos: a las seis de la mañana escuchábamos el grito que inauguraba el día: "Colombianóóóó" y, acto seguido, el ruido del periódico enrollado contra el piso: plafffsss. A las seis y media se oían los cascos del caballo percherón contra el pavimento y el tintineo de las botellas de leche dentro de las canastas metálicas; cuando paraba frente a la casa sonaba una campana, luego se oía más claro el tintín de las botellas dejadas por el muchacho ayudante sobre las baldosas del zaguán. A las diez irrumpía en el aire la corneta de la mazamorra y el claro. Se oía el cucharón contra el aluminio, el regateo y el ruido de monedas batidas en un frasco para las devueltas. Las devueltas fueron la primera remuneración. El pago por los mandados. Así, las mañanas eran acompasadas por los sonidos de la calle y por el sereno trajín. A las cuatro y treinta de la tarde, la voz del ciclista de los grandes canastos: "La parvaaaa", por una ventana se hacía la transacción y al levantar la tela que cubría el canasto entraba el aroma del pan caliente y el dulce de guayaba dentro del pastel Gloria que anunciaba "el algo". Luego las voces de las clientas amigas: "¡Margarita!", "¡Margarita!" y la casa se llenaba de mujeres. El ambiente era de picardía y complicidad. Carcajadas, belleza, desnudez, observación y admiración mutua de sus cuerpos. "Estás como un pecadito". "Qué naranjas las tuyas, qué bonitos pezones y la areola tan pequeña".

Cada mes se cernía sobre nosotros algo que era promesa y amenaza: nuestro padre vendría para llevarnos a vivir con él. Fue el primer año de estética y alta cocina, primera etapa de formación. Aprendí que la belleza y el placer son un posible destino humano, tal vez el que hace homenaje al hecho de estar vivos, la mejor causa, aquello por lo que en verdad vale la pena vivir.

Aprendí con la abuela que gran parte de su buen gusto residía en la sobriedad. Alguna vez, ya grande, la acompañé a la casa de una amiga. Entramos al salón, aquello parecía un bazar de cosas bonitas. Había mucho de todo.

—¿Esto es un almacén o una sala? —preguntó mi abuela.

—No entiendo, ¿qué quieres decir? —contrapreguntó la amiga.

Entonces Margarita empezó su lección: retiró dos lámparas. Descolgó un cuadro, un espejo y los cuernos de un venado. Quitó porcelanas, dos carpetas tejidas y una bombonera, despejó una mesa llena de figuras de vidrio; al final, el espacio fue más sereno. Lo que quedaba en él había renacido. Cada objeto era visible, el salón lograba una armonía que se alimentaba de la ausencia que rodeaba a cada objeto, como una soledad necesaria para el equilibrio que confiere la austeridad.

—La belleza es singular. La rosa es más roja que el rosal —dijo la abuela dando por terminada su faena.

—¿Y qué hago con todo lo que quitaste?

—Llévalo al bazar del auspicio de huérfanos.

—¿Y qué irá a decir Restrepo?

—Nada, él únicamente tiene cabeza para las cabezas de ganado, no se va a dar cuenta.

Comprendí con la abuela que la belleza debe contener misterio, insinuación, silencio. El exceso es torpeza, bullaranga.

Hoy, años después de las clases de estética de Margarita, diría con ella que el deseo también reside en el ocultamiento. El deseo es imaginación. Las mujeres musulmanas que usan burka, a las que sólo les vemos los ojos, pueden desencadenar más deseo que una mujer desnuda. Los ojos aprenden a conversar, a decir, a preguntar, a jugar un lenguaje de señas, intuiciones, adivinación. Establecen una relación de intensa, profunda intimidad a partir de la mirada. Cuando únicamente puedes ver los ojos de alguien, adivinarás, así no veas su boca, si sonríe. Un parpadeo será una canción; la esclerótica, el *background* de la felicidad.

4

En el cuarto de la abuela había un retrato de un hombre joven. Cuando caminaba de un extremo a otro de la habitación sus ojos me seguían. Aquella mirada penetraba como una flecha al fondo de mi desconcierto. Había severidad, después del miedo por su implacable seguimiento, descubrí en esa mirada una curiosidad bondadosa. Pensé que el abuelo quería saber sobre lo que ocurría en su casa ahora que no estaba.

Sus labios, de sensualidad carnosa; las cejas pobladas y unidas le daban un misterio como el que producen los ojos árabes. El abuelo había muerto, pero estaba allí, omnipresente, curioso y al parecer interesado en la suerte de su familia. Mi abuela lo había perdido tres años después de casarse; tenían entonces un niño de cuatro meses y una niña de año y medio. Aquello ocurrió en un accidente aéreo.

La vida era un homenaje, más que a su vida, a su ausencia. Cuando Margarita se reunía con las amigas lo evocaba como si hablara de un sueño alcanzado y perdido al mismo tiempo. Ese tono de fábula amorosa, de frenético deleite del ser que ya no está, me caló y algo de mi amargura se endulzó como las cáscaras de limón en el azúcar. Yo también tenía un ser que ya no estaba, aunque, a diferencia del abuelo, no era recordada ni mencionada. La diferencia entre la madre ausente y el abuelo ausente era que ella estaba viva.

La abuela decía: "Cuando alguien que te quiere muere, se vuelve un amigo, conversamos con él, le contamos nuestra íntima voluntad, nuestros miedos, los asuntos cotidianos. Nos hacemos fuertes en esa amistad y cuando estamos solos, solos de verdad, tenemos a quién, con quién contar: tenemos un amigo que se toma su tiempo, pero siempre responde". Margarita amaba a su esposo y hablaba con él, reía con él. Se entonaba con unos martinis, se desnudaba en el salón de los espejos a bailar. Luego lo llevaba a su lecho en el disfraz de otros hombres. Amó con pasión a mi abuelo después de su muerte.

Alguna vez hablando sobre la muerte, dijo: "La muerte puede ser un sueño, una aspiración, o una meta. También puede ser algo abrupto y absurdo. Cuando eso ocurre alcanzas a ver el envés de la suerte, el lado oscuro del azar".

Le pregunté a la abuela por el abuelo y su familia, entonces dijo:

—Un día de estos les contaré.

Odiábamos el "Un día de estos". Esa manera de aplazar inexacta y elusiva nos producía una insubordinación que exigía precisión. Certeza, alguien en quien creer. Una fecha, una hora.

Una noche vino a nuestra habitación, traía una caja forrada con seda de color azul en la que guardaba los recuerdos: recortes de periódicos, fotos, manuscritos, cartas. Tocaba aquellos papeles con delicadeza, como si fueran mariposas muertas a punto de perder, al ser tocadas, sus deslumbrantes colores. Nos mostró un periódico. En la primera página, una foto de unos aviones estrellados ocupaba cuatro columnas. Al lado, en otra foto, posaba un señor muy elegante, de sombrero, parecía sonreír desde el más allá.

—¿Él es el abuelo? —preguntó Silvia, nuestra hermana mayor.

—No, es Carlos Gardel, un cantante que murió en el mismo accidente.

—¿Y qué cantaba? —preguntó Fernando, nuestro hermano menor.

—Tangos, un día de estos les pongo uno. Ahora escuchen para que sepan quién era su abuelo.

Comenzó a leer:

Nació en Medellín el ocho de julio de 1904. Se graduó de abogado en la Universidad del Rosario en Bogotá. El promedio de sus calificaciones fue de 4,9. Obtuvo la beca al mejor estudiante todos los años, lo que le dio derecho a ser residente y lo eximió del pago de la matrícula y la pensión. A pesar de que murió a los treinta años, alcanzó a mostrar talento para la escritura en varios artículos que publicó en la Revista Claridad en 1930.

—Mejor juguemos al caballo de la leche —dijo Fernando.

Mis hermanos se aburrían con las historias sobre el abuelo. Yo sentía que si él me miraba era porque estaba pendiente de mí. Le pedí a la abuela que me contara todo sobre él. Ella, con su letra pulcra un poco inclinada, como si cada palabra fuera de prisa perseguida por la anterior, comenzó a escribir. Su idea era enseñarnos a leer con esa historia. Conservo algo de lo que escribió: "Era mordaz y sus apuntes nos hacían reír hasta las lágrimas" (…) "venía siempre lleno de regalos, le encantaba ir al campo, comer sobre el prado al lado de un río" (…) "Leía en francés, italiano y latín; tenía una memoria impresionante e irresponsable" (…) "Nos habíamos trasladado a Bogotá, él viajaba con frecuencia a Medellín a las audiencias. El 24 de junio de 1935 regresaba en un avión de la compañía alemana SCADTA; el cantante Carlos Gardel se dirigía a Cali con su grupo de músicos en otro avión de la compañía SACO. Los aviones se estrellaron en la pista".

Guardaba un marconigrama:

"He terminado mis asuntos. Esta tarde visito a F. G. Mañana regreso. Llegaré a las 17. Besos por doquier".

"Arreglé a Magdalena y al niño. Tomamos el tranvía del campo de aviación de Techo. Estaba lloviendo. Siempre me sentí extranjera en esa ciudad fría. Cuando llegamos al campo de aviación, en la oficina de SCADTA pregunté: 'Señorita, estoy esperando a mi marido que viene de Medellín, ¿a qué hora llega?'. La mujer se asustó, miró al niño que tenía en brazos y dijo: 'Ay, señora, pasó algo terrible, váyase para su casa, hubo un accidente: murió Gardel'.

"Sentí que éramos la más desgraciada de todas las familias. Como si recibiera un castigo infinito por tanta dicha vivida. Lo absurdo de lo ocurrido no me permitía aceptarlo. En esa época había cinco aviones de pasajeros en el país; que dos aviones se encontraran en un campo de aviación era una casualidad, y que además se estrellaran en la pista era imposible. Lo que ocurrió fue un accidente de tránsito entre dos aviones. Es más difícil ganarse la lotería sin comprarla. Pues a mí me tocó esa lotería. Después de la tragedia comprendí que la vida es el único lugar. La única riqueza. Y que del pasado sólo se toma lo que te dé alegría, lo demás debe borrarse".

"Siempre me pregunto qué pensará un ser en el instante de su muerte, cuando es consciente de que está cruzando el umbral. A dónde irá su pensamiento, qué imágenes le vendrán, qué pedirá. Qué será lo último. Estábamos tan, tan enamorados que estoy segura de que su último instante fui yo".

Margarita tendió sobre la cama un manuscrito y nos dijo con solemnidad:

—Esto escribió en su diario el mejor amigo de su abuelo. Se llama Fernando González.

Nos leyó:

24 de junio, 1935

Murió hoy a las 15, quemado dentro de un avión. Supe a las 5 que un avión se había incendiado con algunos pasajeros. A las 7 me dijeron que en el campo habían chocado dos aviones y que se habían incendiado. Al rato pensé que Él partía hoy para Bogotá. Ahí mismo llegaron mis hijos con la lista. Sentí una punzada en el corazón. En todo caso ya se me acabaron las alas. Su juventud terminó. Era mi único amigo.

Recé a la virgen para que le haga bien. Voy a acostarme pidiéndole a la virgen por él, para que sea feliz, para que me sienta.

Margarita me decía: "Sacaste sus ojos". Yo me preguntaba: "¿Será por eso que me persigue?". Para la abuela el origen era lo más importante, con frecuencia le oí decir: "Si uno no sabe de dónde viene, no sabrá a dónde ir". Había establecido con parientes y con la ayuda de Luis López, un historiador amigo, los orígenes. La familia paterna del abuelo era vasca. En 1803 migraron de Bilbao a Córdoba, en Andalucía. Allí adquirieron un derecho para explotar una mina de cal. En aquel tiempo la cal purificaba, combatía las plagas, era cemento y argamasa, la tiza con que se escribía en las pizarras. Los pueblos resplandecían encalados y la luz gozaba proyectada por la blancura de la cal. Desde los abovedados, las cornisas, en las iglesias y las mezquitas, sobre los muros y las tapias, la cal cantaba su canción de luz. El trabajo era duro y la cal muy barata; el acarreo, difícil. A las iglesias había que regalarles la cal para que la casa de Dios resplandeciera "como Dios manda". No era fácil la vida. Volver a Bilbao habría sido aceptar el fracaso. Oyeron hablar sobre unas minas de oro en América. Soñaron que la minería de metales preciosos les daría lo que la cal no pudo. Se vinieron a Segovia en Antioquia. El oro obtenido en los socavones les alcanzó para una casa y para lo que consideraban lo más importante: educar a los hijos. Cuando la veta se hizo esquiva vendieron la mina, el dinero obtenido por la venta y el ahorrado durante los años de explotación de los socavones les permitió una vida acomodada. Se instalaron en Medellín. De ese modo el bisabuelo pudo ser médico.

La familia materna del abuelo era de origen catalán, de apellido Ferrer. El primero en venir a América fue Carlos Ferrer y Xiques, capitán de la Real Marina española. Su vida al servicio de la Corona de España en las colonias de ultramar y en América terminó frente a un pelotón de fusilamiento. Los hechos sucedieron durante la guerra de independencia.

El 30 de enero de 1820 tuvo lugar la última batalla por la liberación del Chocó. La fortaleza de Murrí era defendida por cuarenta soldados enviados por Simón Bolívar desde Cartago. Al mando estaban el coronel Nicolás Gamba y Valencia y el subteniente Joaquín Acosta. Por la contraparte, el gobernador patriota José María Cancino había partido hacia Citará (hoy Quibdó) con la orden de reclutar algunos soldados y recuperar la artillería que pudiese hallar. Le encargaron también que fundiera todo el metal que encontrara para hacer balas. Los patriotas disponían de un cañón grande y cuatro pequeños; además contaban con el respaldo de los indígenas de los ríos y los montes vecinos. La fortaleza fue atacada una mañana por doscientos españoles llegados desde Cartagena en una lancha cañonera y cuatro barcos de guerra, al mando del gobernador chapetón Juan de Aguirre y del comandante realista Carlos Ferrer y Xiques. Diez días duró la batalla en Murrí. Diezmados por una lluvia inclemente de dardos contaminados con el veneno mortal de unas ranas del color del ají, los españoles huyeron hacia el Bajo Atrato. El gobernador patriota José María Cancino los persiguió, llegó hasta ellos con cien soldados, y en el Brazo del Inglés logró la captura del gobernador español Juan de Aguirre, al que llevó como un trofeo a Citará. Lo castigaron azotándolo en las puertas de las casas de cada una de sus víctimas, luego lo fusilaron, le cortaron las manos y las fritaron en aceite. Después de freírlas fueron expuestas a la contemplación pública en la confluencia de los ríos Quito y Atrato, en el mismo lugar en donde tres años antes los españoles habían izado, empalada, la cabeza del héroe Tomás Pérez Plata. Al capitán Carlos Ferrer y Xiques le respetaron la vida porque lo necesitaban para la conducción de las naves capturadas; pero por más que trató de salvarse, también fue fusilado. Su juicio y su fusilamiento los comandó el capitán Manuel del Corral en la población de Majagual, el primero de mayo de 1821. Le cubrieron los ojos con un raso oscuro y ordenaron: "¡Fuego!".

—¿Por qué le cubrieron los ojos? —interrumpió Silvia.

—Lo hacían para que el que disparaba no se quedara con la imagen de la mirada del ejecutado. Para proteger a los verdugos de ese recuerdo —explicó la abuela.

Tuve pesadillas en las que me fritaban las manos.

Después de la independencia, los descendientes de Carlos Ferrer y Xiques se establecieron en Quibdó, buscaron fortuna con el oro de los ríos. Allí fundaron una ciudadela compuesta por familias de ingleses, alemanes, franceses, norteamericanos y colombianos descendientes de españoles, que, con mano de obra de libertos y manumisos negros, explotaban de manera precaria y rentable el oro de la selva. "Había tanto oro que ni la pereza ni el clima pudieron evitar que nos enriqueciéramos", decía Isaacs. Imitaban la vida de la que venían en casas de estilo mediterráneo construidas con maderas finísimas, con porches y terrazas para la música que ellos mismos hacían sonar. Por las tardes, vestidos de lino, saboreaban licores que importaban de Jamaica mientras miraban bajar el río Atrato, caudaloso hijo del diluvio interminable de la selva chocoana. Sobre sus mesas no faltaban los frutos secos, los quesos y toda suerte de man-jares. Procuraban dar a sus vidas los placeres de Europa. Bajo la lluvia fina, entre la conversación, se esparcía el aroma de los habanos. Todo aquello llegaba por el mar Caribe remontando los ríos. En aquella ciudadela tuvo ocasión uno de los amores más sonados de ese tiempo: el de Manuela Ferrer Escarpeta, nieta del capitán fusilado, y George Henry Isaacs. Cristiana ella, judío él. Padres de Jorge, el autor de *María*.

5

Hasta que un día, dos años después de dejarnos con la abuela, nuestro padre llegó por nosotros. Nos presentó a su nueva esposa. Era una muchacha, tenía diecisiete años, él había cumplido treinta. Me pareció hermosa, ingenua y dada a reír. Se llamaba Yolanda. Nos trajeron regalos; a mí me tocó un barco de vapor. Con una jeringa se inyectaba alcohol etílico en una cazoleta y agua en la caldera, luego se encendía el alcohol con un fósforo y en unos minutos el barquito comenzaba a navegar. Una vara de bambú, de las que se usan para las cañas de pesca, le corregía el rumbo para que regresara.

En el Parque de la Independencia pasamos un día haciéndonos capitanes de barco; cuando consumimos todo el alcohol retornamos a casa ebrios de mar y de imaginaciones. Al otro día lo primero que hice fue ir a la alberca a ver el barco. Era rojo y blanco, con banderita tricolor y un muñequito aferrado al timón de mando. Carlos Ferrer, bauticé al capitán. Entonces vi algo en lo que no había reparado antes: el nombre. Estaba en aquella época en que se aprende a leer y leemos por sílabas. De-ri-va-del-vien-to. Sentí atracción por esas palabras, aunque no comprendía lo que significaban. Cuando papá salió de la habitación conyugal, le pedí que fuéramos al lago del Parque de la Independencia. "Por la tarde vamos", prometió. Desayunó calentado, Catalina lo atendía muy amorosa, hice mi primera escena de celos. Margarita le miraba la felicidad. Por la tarde fuimos al lago. Propuse a papá que no me ayudara, que me dejara hacerlo solo. Me revolvió el pelo con brusca solidaridad, me entregó la botella de alcohol, la jeringa y los fósforos. Realicé el llenado del tanque de agua y el de la cazoleta del alcohol; por el tercer fósforo ardió el combustible. En dos minutos comenzó a gargarear y salió un chorrito de vapor. Entonces posé el barco sobre el agua, tiré del hilo que hacía sonar el pito y, como si no tuviera ganas, luego de algunos cabeceos, zarpó rumbo al lejano centro de las aguas. Papá miraba complacido las nuevas destrezas. Se entretuvo con Yolanda, que miraba todo encantada como si acabara de salir de un claustro. La vara de bambú era pesada y dolían las manos, me aburrió tener que estar virando el rumbo y repetir el viaje de la orilla al lugar en que la vara debía hacerlo retornar. Quise dejarlo ir. Imaginé que si lo dejaba ir, Carlos Ferrer escaparía y no sería fusilado. Miré a papá, sonrió como si adivinara. Luego se paró y fue a comprar cigarrillos al kiosco de los dulces. No volví a corregir el rumbo y el *Deriva del Viento* se adentró en el lago hasta que se hizo invisible. Cuando papá se dio cuenta, salió corriendo a buscar un bote. Los que alquilaban las barcas de remo anunciaron por una corneta que si alguien veía un barquito de juguete, por favor lo llevara al embarcadero. Pasó la tarde, no apareció. Papá estaba enojado. No comprendía de qué se trataba su enojo: si era por la pérdida del barco o porque sabía que lo había hecho adrede. Al anochecer le pregunté si estaba bravo.

—Si no cuidas lo que te hace feliz, no vas a ser feliz —dijo.

Le pregunté qué quería decir Deriva.

—En casa hay un diccionario, cuando lleguemos lo averiguas.

Ya en casa de la abuela busqué el diccionario y leí:

Deriva: Sin dirección o propósito fijo, a merced de las circunstancias.

—Papá, ¿has visto a mamá?

—No.

—¿Cuándo va a visitarnos?

—Nunca va a visitarlos. No me preguntes más por ella; no sé, ni quiero saber.

Una noche me llevó a un café en el que se reunía con los amigos de Medellín. Era un café lleno de hombres, tomaban tinto unos y aguardiente otros. Mi padre era de los otros. Cada vez se reían más duro, como burlándose. Me aburrí; papá compraba lo que yo pidiera para que no le dijera que estaba aburrido. Comí suspiros y una Colombina. Pasaron muchas horas, papá se bamboleaba cuando iba a orinar y se reía con todo el mundo. Me dio sueño, me recosté en un rincón y me dormí. Cuando desperté todo estaba oscuro. Caminé por el lugar, olía a orines y a colilla de cigarrillo. Mis ojos comenzaron a ver en la oscuridad. Busqué a papá: no estaba. Me senté en el lugar donde había dormido. Sentí el vacío del abandono. Mucho después oí que golpeaban una puerta. Un hombre se levantó y abrió. El que tocaba era mi padre. Preguntó por mí.

—Olvidé a mi hijo —le escuché decir.

El señor dijo:

—No he visto a ningún niño.

Cuando papá me vio se puso a llorar, lloró tanto que me bañó con sus lágrimas, saboreé la sal de su llanto. Me cargó y salimos para la casa de la abuela.

No queríamos volver a Bogotá, y menos irnos de la casa de Margarita. Ella tampoco quería que nos marcháramos. Pero no había nada que hacer, nosotros éramos parte del nuevo proyecto de familia de nuestro padre y nada iba a cambiar eso. Margarita nos acompañó en el tren hasta instalarnos en nuestra nueva casa. Salimos una tarde de la estación de La Alpujarra en coche litera. Años después, cuando los políticos acabaron con los trenes, evoqué aquel viaje:

Un tren haría todo más fácil. Están los durmientes y los paralelos aceros enclavados, las viejas estaciones, las bancas de madera, el guardaequipajes, los nidos de las tórtolas en el techo de zinc. Ya se siente el aroma de las tortas de choclo tapadas por el lienzo en el canasto. Al otro lado de la carrilera viene una muchacha. También están los ríos y los puentes, los peñascos, los túneles, el mar, la carga y el muelle ferroviario.

Y estás tú allá y yo aquí. Sólo falta el tren para rodar por la escalera dormida, para mirar por la ventanilla la fuga de los árboles, para mecerse en el sueño redoblante, y trenzar la distancia.

6

Aquel tiempo en Bogotá es neblinoso. Vivíamos en un lugar que, comparándolo con la casa de la abuela, era miniatura. Nos sentíamos como Gulliver en Liliput. Era un apartamento en la parte más oriental de Chapinero al lado de los cerros. Pasábamos la calle y allí empezaba la montaña, había casas campesinas, burritos, ovejas y cerdos que alimentaban con sobrados de los restaurantes de la séptima. Por las tardes, los burros subían en fila cargando tinas de hojalata llenas de sobrados. El olor de aquello era dulzón, la recua de pasos cortos dejaba una estela de fermentos en el aire.

Íbamos a elevar cometas con papá y nuestra casi contemporánea mamá. Aprendimos que el viento en contra favorece el vuelo. También supimos sobre la tirantez y sobre hilos reventados.

En nuestra habitación, con una carpa, un toldillo y dos hamacas jugábamos al país lejano. Era el juego preferido: casamientos, monarquías, hombres de las cavernas, batallas navales, jugábamos a los fusilamientos, al papá y a la mamá nueva. Éramos pintores rupestres, marcianos. En el país lejano todo era posible. Cuando jugamos a la casa en el aire, nuestra hermana se llamaba Ada Luz. Teníamos libertad. Allí no nos vigilaban. En general, fuera de la mesa del comedor no nos vigilaban. Yolanda venía a jugar con nosotros, lo hacía con la gracia y con la imaginación de una niña de nuestra edad. Creábamos noches artificiales para la cueva de los niños lobos. Y, de vez en vez, tenían lugar lecturas de cuentos. Yolanda leía en voz alta, lo hacía con una devoción, con un fervor por el relato que nos ofrecía que, a pesar de lo hiperactivo de nuestro carácter, quedábamos pasmados y atentos como si asistiéramos al mejor espectáculo del mundo. Como niños ante un mago que saca conejos y palomas de sus bolsillos.

Por esos días frecuentaba nuestra casa el sacerdote Camilo Torres. Era más alto que papá y tenía eso que mi abuela llamaba "clase". No sabía muy bien lo que era, pero lo aprendí a distinguir, era diferente en cada persona: en el padre Camilo era algo como una desobediencia contagiosa. Papá le decía "padre". En la casa éramos ateos, o por lo menos eso creía papá. Pues a nosotros ya nos habían bautizado a escondidas de él. Lo hicieron nuestras tías abuelas Luisa y Nena, hermanas de Margarita. Una vez las oímos discutir:

—Pues así como los bautizamos a escondidas, hay que llevarlos a misa.

—Si él se llega a enterar, no los vuelve a traer.

—El hecho de que él sea ateo no le da derecho a negarles a los niños nada más y nada menos que a Dios.

—Eso va a ser para problemas.

—Usted le tiene más miedo al papá de estas criaturas que a Dios, ¡qué falta de proporciones!

Una tarde íbamos para el almacén LEY y pasamos por la iglesia de Las Nieves. Cuando estábamos frente al atrio, Luisa se detuvo y, como obedeciendo una orden superior, nos hizo entrar. Todo era muy alto y limpio; un silencio suave nos llenó de admiración y de tranquilidad. Era la segunda vez que entrábamos a una iglesia, la primera fue para el veloz bautizo clandestino del cual no teníamos memoria y en el que se trocaron las fechas de nuestros nacimientos. Luisa nos sentó en la primera fila de bancas, se arrodilló en un reclinatorio en actitud sumisa, con las manos trenzadas. Así estuvo mucho tiempo. Nena se quedó en la puerta de entrada, vigilando. Al fin Luisa se incorporó y nos llevó ante una imagen de la Inmaculada Concepción. Parecía como si nos presentara, como si nos encomendara a esa hermosa muchacha. Nosotros callábamos, sentíamos que algo realmente importante y clandestino estaba sucediendo y que, en adelante, a espaldas de nuestro padre, fuerzas superiores nos protegerían. Y que las tías sabían hacer por nosotros algo que en casa no harían. Nos producía fascinación el hecho de que era algo secreto entre Nena, Luisa, nosotros tres y Dios.

Una noche, papá, después de una larga conversación con el padre Camilo, en tono de ruego le dijo:

—Por amor al dios de su fe, no se vaya para el monte, padre.

El padre Camilo respondió:

—Con su permiso —trazó en el aire la señal de la cruz y dijo mirándonos—: Dios los bendiga, niños.

Se abrazaron, después se fue con su altivez desobediente.

Un día descubrimos que no estaban la carpa, ni el toldillo, ni las hamacas. Cuando reclamamos por las cosas de nuestro país lejano nos explicaron que el padre Camilo las necesitaba:

—Se va a vivir a la selva.

—¿Y por qué con nuestro país lejano?

—Porque lo necesita más que nosotros, él quiere que nuestro país sea mejor.

—Ningún país es mejor que nuestro país lejano. Además, no era tuyo, era nuestro. ¡Nos quitaste lo mejor que teníamos! —dije indignado.

Unas semanas después, llegaron un médico, su esposa y un estudiante al que llamaban Molano, estaban tristes, contaron que había muerto el padre Camilo. Papá lloró y se hundió en un silencio grande que acompañó con muchos cigarrillos. Cuando la botella de licor terminó, se fueron.

Pregunté:

—¿Y ahora nos van a devolver la carpa, el toldillo y las hamacas? —No hubo respuesta, insistí.

—El padre Camilo murió muy lejos —explicó nuestro padre.

Pregunté:

—¿De qué se murió?

—De un disparo.

—¿Cómo así? —preguntó Silvia—, ¿estaba jugando y se le disparó el arma?

—Los curas no disparan, ellos lo bendicen a uno —concluyó Fernando.

7

La jornada había terminado. Mis hermanos tenían la costumbre de salir del salón directo al bus para coger buen puesto y dormir en la ruta. Yo jugaba con un amigo que me había desafiado a caminar sobre las manos. Él lo hacía con habilidad, yo intentaba. Al final, lo conseguí. Disfruté ver el mundo al revés. Con la sangre en la cabeza, giré hacia el edificio del colegio, la profe de tercero con sus trenzas impecables salió por la puerta principal. Luego contemplé los altos eucaliptos entre mis pies izados. Caminé otro rato sobre las manos que ya dolían, eché un vistazo hacia el parqueadero de los buses. Se habían ido. Puse los pies sobre la tierra. Erguido, miré a mi alrededor. Busqué las trenzas. Nada. Regresé a la puerta principal. Cerrada. Cuando volví mi amigo tampoco estaba. Nadie, nadie. Entonces me asistió una idea: haría el recorrido del bus.

Desde Normandía hasta Chapinero hay unos nueve kilómetros. Como no lo sabía comencé a caminar, repetía de memoria las vueltas y revueltas que hacía el bus para dejar a los niños lo que alargaba la faena. Cuando salí del campus del colegio eran las dos de la tarde. Caminé dos horas a buen paso antes de sentir cansancio. A veces salía a la avenida El Dorado, luego entraba a los barrios aledaños La Esmeralda, Nicolás de Federmán, otra vez a la avenida, al mismo lugar por el que había entrado. Por el camino vi una paloma muerta, la iridiscencia de sus plumas a pesar de la muerte me hizo pensar en el abuelo. Acaricié a un perro callejero que después de la caricia gruñó y lanzó una dentellada, la esquivé. Pedí agua tres veces; en un antejardín traté de alcanzar unas cerezas maduras. Un muchacho me espantó. Encontré una piedra pequeña con forma de conejo, parte del conejo había que imaginarlo. La llevé como amuleto. La apreté en la mano, conversé con él. Le pedí que no me dejara tener miedo. Pensé que ese conejo era el de la luna, que hay que completarlo con la imaginación.

Trazando los sinuosos meandros de la ruta del bus, hacia las cinco llegué al Park Way, me senté en una banca. Unos niños jugaban con su perro. Recordé la oración que decía en secreto para no molestar al padre ateo que Dios nos dio. La recité en voz alta. Ahora los cerros estaban más cerca, pero oscurecía. Temía que la memoria me fallara en la oscuridad. Miré la esquina por la que el bus cruzaba hacia oriente. Sentí hambre, un hambre nueva, nueva por no poder atenderla. Me pareció que pedir comida no era igual a pedir agua. Miré el sendero y la alameda de urapanes del centro del parque, sentí temor del fondo oscuro, las risas de los niños jugando con su perro me hicieron sentir lo lejos que estaba de casa. Vi a un gamín, un niño de la calle, le pregunté por el nombre del barrio. "La Soledad", respondió. Y por primera vez sentí que sabía algo de verdad. Intuí que podía llegar a ser de las calles.

Salí del parque, crucé por la esquina por la que subía el bus, caminé por una avenida larga, temí que no alcanzara lo que quedaba de luz para llegar. En la noche sería difícil recordar la ruta.

Apuré el paso, tallaban los talones, era como si los zapatos dolieran. Por primera vez tuve miedo de no llegar, de perderme. El miedo me dio fuerza y seguí adelante sin pensar en los dolores.

Al final de la calle, abrumado por los pensamientos y la inminencia de la oscuridad creí escuchar mi nombre. "José, José". No presté atención, seguí adelante. Debo llegar antes de que anochezca, debo llegar antes... Me pregunté si Dios podría alargar el día. Volví a escuchar mi nombre, seguí adelante, oí un tropel sobre el asfalto, alguien gritó:

—Es José, el de tercero A.

Reconocí a los hermanos Velandia, compañeros del colegio. Me llevaron a su casa y me presentaron como si fuera un trofeo. La madre, belleza alunarada, me miró con curiosidad y alegría de rescatista. Preguntó qué había pasado.

—Tengo que llegar antes de que sea de noche —dije.

La mamá de los Velandia buscó en mi maletín con una meticulosidad de arqueóloga. En uno de los cuadernos encontró el número del teléfono. Me dieron de comer unas croquetas, me parecieron planetas ardientes. Comí de prisa, cuando terminé salí a la calle. A la mamá de los Velandia no se le iba la sonrisa de los labios, de los dientes, de los ojos. Me tomó de la muñeca y dijo:

—Quédate aquí que ya vienen por ti.

Me sentó sobre sus piernas. Acomodé mi cabeza en el pecho de aquella madre de paso que como una canción nueva nos hace suyos contra nuestra voluntad. Estaba oscuro ya. Inspirado por los aromas, metí algunos lunares de su cuello a mis pulmones, y entonces, de un taxi, bajó, contrariado y jubiloso, papá.

Esa alegría no la había visto nunca, esa dicha inaudita me dio la íntima certeza del amor que sentía por mí. La expresión de ese rostro, que duró un instante, me daría fuerza y dignidad, la serenidad de saber cuánta alegría podía producir.

—Yo iba a llegar, papá, pero se hizo de noche; te aseguro que iba a llegar.

Sollozó un instante, besó a la mujer en la mejilla y se metió conmigo en el taxi. El esperado regaño nada que llegaba, un silencio manso, empatía de la sangre, nos conducía. Distraído en sus pensamientos, acarició mi cabello, inconsciente del acto. Llegamos a casa. Cuando estuvimos adentro comenzaron las recriminaciones de mis hermanos porque los habían regañado por mi culpa. "Por su culpa. Por culpa suya". (Cuántas veces en la vida escuché esa oración. Hasta casi creerla, hasta pensar que todo lo malo era por "mi culpa").

—Ya comí —dije, y me marché a la habitación con la secreta convicción de que era capaz de tomar riesgos.

Ese día, por primera vez, supe que podía enfrentarme al mundo. Sentí una fascinación nueva, quise vivir aventuras. Me acosté lamentando haber sido descubierto por los Velandia; habría sido mejor haber llegado por mis propios medios. Sentí que era un héroe a medias. Pero me había asomado a mí mismo, había gozado el desafío. Algo se inauguraba en mi carácter, algo definitivo. Lo último que ocurrió aquel día fue que entre dormido y despierto escuché a mi padre decir con orgullo:

—No pidió ayuda, no se aterrorizó, logró hacerlo solo. Es un niño distinto.

La noche siguiente vino a mi cama a leer un cuento. Se trataba de una gata que se les había perdido a Sacha y a su hermana, unos niños rusos; la habían buscado, esperaban que apareciera, pero nada que aparecía. Estaban muy tristes y se reprochaban mutuamente:

—Se fue porque tú la tratabas mal.

—No, lo hizo porque tú le echaste agua en pleno invierno y la pobre casi se congela.

Al final, después de unas semanas, cuando ya la habían dado por perdida, apareció con tres gatitos. Mientras leíamos el cuento ocurrió algo extraño: vi en el centro de la página una mancha delgadísima, tal vez mugre o tinta corrida, interrumpí la lectura para preguntar:

—¿Eso qué es?

Pasé el dedo sobre aquella línea y la línea se movió, aunque conservó su lugar. Era una pestaña adherida al papel, atrapada por la textura se confundía con las grafías del texto.

—¿Cómo llegó a enterrarse en el papel? —pregunté.

Papá contrapreguntó:

—¿Qué crees?

—Es de uno de nuestros ojos.

—No, puede ser de alguna muchacha que trabajaba en la fábrica de papel o en la imprenta. Entonces tomé la pestaña entre mis dedos y la jalé para arrancarla de la página; no quiso soltarse, terminé levantando la hoja sostenida por aquella pestaña. Entonces él dijo:

—Déjala allí, es la pestaña de los ojos de Sacha, el niño de este cuento.

—No, esa pestaña es de la gata.

—Sí —respondió papá y cerramos el libro.

No entendí por qué mi padre escogió ese cuento para esa noche, pero hice conjeturas como que mamá iba a volver, que estaba embarazada, que nosotros la tratábamos mal y por eso se había ido… en fin. Faltaban veintidós años para volver a verla.

Por aquel tiempo comencé a orinarme en la cama. Ponían un hule de color azul entre la sábana y el colchón, aquello producía vergüenza y un charco de orines todas las noches. Era el único de mis hermanos que se orinaba dormido. Me daba miedo y vergüenza quedarme en otras casas. Mis hermanos usaban aquello para amenazarme con contarlo a los nuevos amigos, o a las visitas. Entonces me propuse no volver a dormir. Fracasé. Después ensayé todos los remedios: seguí cuidadosamente las instrucciones de mis tías; a escondidas, oriné sobre un ladrillo caliente, me confesé ante el ángel de la guarda, le conté cómo era el juego de la carpa con Catalina. Dejé de tomar agua siete días. Me amarré el pipí con el cordón de mi zapato izquierdo, escribí mi nombre con mis orines, de atrás para adelante: primero la letra e luego la s, la o, finalmente la j. Y un día ocurrió el milagro: tomé el hule azul y lo llevé donde guardábamos las cosas de nuestro país lejano convencido de que ya no lo iba a necesitar nunca más. No supe cuál de los remedios secretos había logrado curarme, o si era la combinación de ellos. El milagro había ocurrido y en adelante pude quedarme en otras casas, ir a paseos, dormir sin miedo y lo mejor de todo: despertar seco y sin vergüenza.

8

Después nos fuimos a vivir a la casa de las fiestas. Era una casa de dos pisos, con patio y habitaciones grandes. Quedaba a cinco calles del colegio. Los sábados venían los amigos a comer frijoles que hacía nuestro padre y que acompañaban con unos chicharrones enormes y crujientes. Los invitados eran: León de Greiff y sus hijos Boris y Jhalmar, un médico al que llamaban Cuco Corredor y su hijo Vladimir. En esa casa había dos novedades: un piano vertical y un tocadiscos. León tomaba aguardiente y se le enchispaban los ojos cuando miraba la belleza de Yolanda y la destreza con la que tocaba boleros, sonatas, tangos, cumbias, habaneras y valses. En aquellas fiestas los niños quedábamos libres de toda atención, lo que nos producía cierto espíritu de transgresión; una ebriedad paralela. Aquella alegría repentina estaba atada a una fascinación por lo prohibido. Nuestra hermana una vez se subió a un muro y les mostró los calzones a unos obreros; mi hermano enterró una gatica hasta el cuello, yo me volaba a la calle a jugar a ladrones y policías con unos amigos secretos. Siempre jugué en el bando de los ladrones. Pensaba que los policías eran del bando de los que habían fusilado al capitán Carlos Ferrer.

Después de los aperitivos disponían en el centro de la mesa la gran pirámide blanca del arroz, los aguacates partidos a mitades, el ají, las arepas redondas y la gran fuente con los caladísimos, cremosos frijoles. "Llegaron las viandas", decía el poeta. Yolanda me pedía en la semana que aprendiera un poema de León de memoria y se lo dijera el sábado antes de la música.

Yo aprendía con facilidad, como se aprenden canciones y lo decía sin timidez; a veces me ahogaba de emoción por lo que mi memoria decía. León me daba un beso que olía a Lucky Strike, palmeaba mi espalda emocionado y sus ojos adquirían un azul líquido traslúcido.

Luego de la bacanal, Yolanda se sentaba al piano. Sobre esas tardes y sobre la belleza que todos contemplábamos y que nos transformaba en poetas va este, que no sé si es de León, o de nuestro padre: *Sus manos descalzas, en puntillas, acarician las notas; la noche aplaude de pie, las falanges bailan la música que crean, que nos lleva y nos pierde hasta entregarnos a la alegría del silencio.* Al escuchar la música sentía un galope, algo que me movía, como si cabalgara sobre el silencio, ese movimiento sucedía en un lugar que no podía precisar, quedaba adentro, en la mitad, donde nace la emoción. Sospechaba que eran la armonía y el ritmo bailando dentro de mí. Hacia el final del condumio, León cogía un par de chicharrones y los envolvía en una servilleta. "Como no puedo llevarme otras delicias, con esto me conformo, algo es algo", susurraba para sí, mientras se los metía al bolsillo del saco.

Todos estábamos bajo el hechizo y la belleza de Yolanda, de sus talentos. Papá, lleno de satisfacción, olvidaba el futuro y la urgencia de cambiar el mundo; parecía saber que no habría otro mundo mejor que ese instante, que todo lo que anhelaba estaba allí frente a él, irrefutable, verdad pura y sin razón de por medio. Sin causalidad previa. La mejor vida posible era aquella.

Fue durante esas tardes, en los ratos que le robábamos a la fiesta, casi siempre antes de la bacanal, cuando Boris, el ajedrecista, me enseñó a mover las piezas. Aquello fue el comienzo de una pasión inmensa, la adquisición de un bien que me ayudaría a tomar decisiones, a ser osado y precavido al mismo tiempo. Una golosina mitad ácida, mitad dulce. Compañero para las soledades venideras. Juguete para lo "claro y oscuro del camino".

Una de aquellas tardes, ya chisposo por el aguardiente, León me dijo en un tono de revelación:

—Esto es entre tú y yo, no lo digas a nadie: en la vida vas a encontrar abismos y puentes, dificultades, desesperación, entonces escribe, las palabras son lo único que tendrás cuando ya no haya nada.

No entendí, pero me aprendí sus palabras.

Por aquellos días tuve la primera enfermedad.

Ocurrió al regresar de unas vacaciones en los Llanos Orientales. Los síntomas eran fiebres altas, palidez, escalofríos y castañeteo de dientes. Los médicos dijeron que teniendo en cuenta el lugar de donde veníamos era casi seguro que tenía malaria. Pasé muchos días en cama sumido en confusas ensoñaciones, pensamientos melancólicos, agonías febriles.

La primera semana oí una conversación entre papá y el médico. Ante la pregunta por la gravedad de lo que tenía, el doctor dijo:

—Depende de qué tipo de malaria tenga: puede ser pasajera o mortal.

"¿Mortal?". Me pregunté si había escuchado bien. Estaba tan aterrado que descreí de lo que oía, lo atribuí a la fiebre. Esa noche vi el mentón de Yolanda moverse como se movía cuando lloraba en silencio. Mientras me dejaba agua en la mesa de noche me miró con la luz líquida de sus ojos conmovidos. "Malaria", pensé en ese nombre. Si lo que tengo se llama así, debe ser algo malo, algo mortal.

Las fiebres producían un derrumbamiento, un estado intermedio entre el sueño y la vigilia; letargo agradable en el que el cuerpo parecía estar en retirada. No había dolor. Sólo sopor, suaves delirios y una pereza omnipotente a la que la voluntad se entregaba con placer mientras se desvanecía la conciencia del mundo.

La idea de la muerte no era angustiosa, era triste. Como la vida no había sido vivida no sabía muy bien lo que perdía; además seguía creyendo en Dios a escondidas de papá. Suponía que me iría para el cielo. La única preocupación era que a mi padre, por ateo, no lo iban a dejar entrar. Entonces me hice esta reflexión: "Si la bondad de Dios es infinita, seguro que va a perdonarlo por no creer en él, y de paso lo va a refutar".

Fueron siete semanas de abatimiento; aquel estado febril y la suspensión de todas las actividades físicas dejaron mucho tiempo para leer. Lo hacía en una especie de trance en el cual lo que leía era la música y el ritmo del texto, al final no sabía qué había ocurrido en la historia, sólo recordaba la música de las palabras, la cadencia de las frases, el balanceo de la nave musical en que había estado. Me gustaba tanto esa sensación que cuando papá preguntó por un cuento de Poe, le dije: "Suena como un tren que comienza a detenerse, pero no se detiene".

—¿Y cómo te pareció la historia?

—No la recuerdo, es sobre una casa que se derrumba —respondí.

Desde entonces busco siempre la música del escritor.

9

Un señor que tenía un nombre del que nos burlamos con mis hermanos, Álvaro Pío, vino a proponer a nuestro padre que le ayudara a crear una facultad de humanidades en una universidad con el nombre de una ciudad. Dijeron que esa ciudad era caliente, llena de árboles, de sol y que la atravesaban siete ríos. Y nos fuimos para Cali. Séptimo trasteo en ocho años.

Viajamos en un taxi de Flota Ospina, un Ford 61, conducido por un hombre cordial, dado a escuchar y a callar; papá era al revés. Le preguntó si los explotaban, si tenían sindicato, que cuántas horas trabajaba, si leía. El hombre respondía moviendo la cabeza o con monosílabos. Cuando llegamos al Valle, el Ford 61 parecía sentirse a gusto, avanzó veloz en línea recta; por las ventanillas entraba un aire benéfico, caricia tibia que hacía olvidar el frío. Nos quitamos los sacos. Por el camino vimos tulipanes africanos florecidos, samanes gigantescos con los brazos abiertos convidando a su sombra, niños de todos los colores. En un restaurante al lado del río Cauca comí una tostada de plátano, sol crocante. En la primera penumbra de aquella tarde, vimos el incendio de un cañaduzal, en el aire flotaba una nieve de pavesas, y llegó hasta nosotros, como un manjar, el olor del azúcar quemada.

En diecisiete horas, con algunas paradas para comer, comprar frutas, ir al baño y echarle agua al radiador, el conductor de

Flota Ospina, convencido de las bondades de una sociedad más justa y de la importancia de leer sus derechos para conocerlos, y así poder defenderlos, nos dejó en el lugar en que transcurriría la vida. No buscaron colegio para nosotros y hasta allí llegó la educación escolar. En mi caso, tercero de primaria.

Como no estudiábamos y teníamos mucho tiempo ocioso, nos metieron a clases de natación en las piscinas Alberto Galindo. Papá tenía un amigo allí, era uno de los Gónima, una familia de hombres altísimos de la Selección Colombia de waterpolo. Se pasaba la piscina olímpica de ida y vuelta bajo el agua, sin salir a respirar. Primer héroe de carne y hueso. Aprendimos a nadar, a tratar con el sol de Cali, a gustar del olor a cloro, del cucurucho de maní; nos dimos a la suculencia de los aborrajados y del chontaduro maduro.

10

Era 1969 y el Apolo 11 viajaba hacia la luna. En el barrio San Fernando conocimos a Álvaro Barrios, que vivía en la misma manzana. Álvaro miraba y reía. Los ojos inquietos, luminosos corozos de aceite oscuro, destinados al placer. Padecía el vicio de gozar. Se hizo nuestro amigo. Me contó, como si fuera un secreto de Estado, que su padre trabajaba en la Base Aérea. Pregunté:

—¿Es piloto de guerra?

—Es el que los arregla, es mecánico de aviones.

Nunca supe si aquello era verdad, o una manera de presumir con que su padre pertenecía al mundo de los que iban a la conquista de la luna.

Las puertas de las casas permanecían abiertas durante el día y los niños jugábamos en la calle hasta la noche. Reñíamos, estrenábamos la dignidad, las destrezas, las torpezas.

Una vez Álvaro preguntó si nuestro papá era comunista. En el barrio circulaba el rumor de que en nuestra casa había reuniones raras y muchos libros. Le correspondí la confianza: en tono de secreto de Estado le dije al oído:

—Creo que sí.

Más tarde preguntó:

—¿Y qué son los comunistas?

—Los que comen con las visitas—respondí.

—¿Ustedes son ricos o pobres?

—No sé, pero a mi papá le gustan las visitas y se preocupa por todos.

Así nació una amistad que de entrada superó nuestras diferencias de origen político y nos dispuso a gozar sin prejuicios, sin preguntarnos nada.

Jugábamos a la Vuelta a Colombia en bicicleta. La carretera era el bordillo del andén y las bicicletas, las tapas de gaseosa o cerveza que rellenábamos de esperma de velas de colores o cáscara de naranja. Cada tapa era un ciclista. En esa época, la Vuelta a Colombia era vista por radio. Vale afirmar ese imposible. Los narradores trasmitían "desde la carretera y en movimiento". Don Julio Arrastía Bricca y Carlos Arturo Rueda C., un argentino y un costarricense, hacían que viéramos lo que ocurría en cada momento de las etapas. El tono era épico. Sentíamos que lo del viaje a la luna era poca cosa en comparación con las proezas que narraban en la radio. En la cocina de los vecinos, o en la nuestra, a un volumen que no molestara, nuestra imaginación construía y vivía las grandes hazañas de los ciclistas en las destartaladas carreteras de los Andes colombianos. Era un ejercicio de fantasía que nos impelía al heroísmo y a la temeridad de nuestros héroes. Todos teníamos un ciclista preferido; una rivalidad regional entre antioqueños, boyacenses, bogotanos y vallecaucanos daba picante a lo narrado. Los ciclistas más fuertes eran Martín Emilio 'Cochise' Rodríguez y Javier 'el Ñato' Suárez, de Antioquia; Roberto 'Pajarito' Buitrago, de Cundinamarca; Miguel Samacá, que era boyacense; Carlos 'la Bruja' Montoya, del Quindío; Luis H. Díaz, 'la Bala colombiana', del Valle, y Álvaro Pachón, 'el Cóndor de los Andes', de Bogotá. Hacíamos un sorteo en el que nos repartíamos los nombres, si alguien no quedaba a gusto con el elegido, podía escoger otro o darle a su tapa su propio nombre. Luego pintábamos la Vuelta: dividíamos la cuadra en tramos de acuerdo al número de etapas, marcando con tizas de colores cada una de ellas. A la salida le poníamos el nombre de la ciudad desde donde salía la carrera. Y así a cada una de las etapas, hasta la meta final. Los premios de montaña eran montículos de tierra sobre el bordillo; si había una etapa contrarreloj, teníamos que deslizar la tapa sobre el bordillo desde el punto de partida hasta la meta en un solo intento. Cuando las tapacicletas se salían del bordillo o caían a la calle "pinchaban". Y debían volver al lugar desde el cual habían sido lanzadas. Aquello podía durar un día entero, a veces dos.

Nuestra primera competencia real ocurrió en una bicicleta comunitaria, la única de la cuadra. A Álvaro se le ocurrieron las carreras contrarreloj. Salíamos de la casa de los Gaona, una familia de ocho hermanos, "se llenaron de hombres buscando la niña", oí decir. Bajábamos a toda velocidad hasta el Parque del Triángulo, le dábamos la vuelta y rematábamos en subida hasta la línea de tiza que señalaba la meta en el punto de partida. Como yo era el menor, siempre me ganaban, salvo una vez que mis rivales se cayeron al tomar la curva del parque y gané. El cronómetro era del papá de Álvaro, un Omega.

—La marca del reloj que llevan los astronautas a la luna —dijo con solemnidad científica.

Por las mañanas, desde la ventana, miraba a los amigos con sus uniformes y sus maletines, peinados y cuidados por sus madres, esperando el bus del colegio. Verlos subir al bus que los llevaría al futuro, a la vida, me ensombrecía. Una tristeza rebelde se aposentaba en el silencio. Mientras los amigos de la cuadra desaparecían de mi vista rumbo al colegio, pensaba que a mis hermanos y a mí ya nos había dejado el bus de la vida.

Por aquellos días vinieron a visitarnos Boris y los ajedrecistas del equipo de Colombia que iban para Ecuador a un torneo y pararon en Cali. Toda la vida recordamos lo que el maestro Luis Augusto Sánchez, viejo flaco de ojos brotados y nariz puntuda, dijo cuando probó una coliflor apanada:

—Nunca me había comido un muslo de pollo tan tierno como este.

Margarita vino a visitarnos. Nos trajo regalos: bizcochos del Astor, trufas y moros del Sordo Jaramillo. A mí me regaló *María* y me recordó el "parentesco" con el autor. Eso a escondidas de papá, que lo consideraba un libro sensiblero y llorón. Además, decía que todas esas cosas de los orígenes eran ideas monárquicas y burguesas, porque al fin y al cabo todos descendíamos de los micos. A mi abuela la ofuscaba mucho escuchar lo que decía papá, pero callaba. Hacía muchos años había renunciado a discutir con él, aunque no se sometía a sus ideas y supo preservarse en las suyas, así esa independencia le costara una distancia que llegó a ser dolorosa.

La abuela insistió en que ahora que viviríamos en el Valle era bueno que leyera *María*. Contó que mucha parte de ese valle que veíamos había sido de Manuela Ferrer, y que toda esa fortuna la había vuelto humo Jorge, su hijo escritor: "Tan raro, nadie sabría nada de la familia Isaacs si no fuera por el que despilfarró su fortuna. Hay libros que duran más que la riqueza".

Yo trataba de entender. Al final de sus explicaciones me quedó la sensación de que ese valle ya no era de nuestra familia por culpa de unos prestamistas.

Luego nos contó que fue la descripción del Valle del Cauca lo que motivó la primera migración de japoneses a Colombia.

—Algo bueno debe de tener un libro para que uno se venga desde el Japón a vivir a los paisajes que describe —dijo animándome.

11

Como no íbamos al colegio, a nuestro padre se le ocurrió que
nos fuéramos a vivir al campo. Así aprenderíamos oficios útiles como sembrar, cuidar animales y a llamar a los árboles por
su nombre. Cuando ya estábamos amañados en San Fernando
nos anunciaron un nuevo trasteo, el noveno.

La Buitrera se llamaba el lugar. Preguntamos qué quería
decir Buitrera. La explicación nos ensombreció, asociamos el
nombre de nuestro destino con el olor de la mortecina. "¿Será
que allá viven los gallinazos?", preguntó mi hermano a nuestra hermana mayor. Ella no supo responder, tampoco estaba a
gusto con el nombre del lugar donde viviríamos. "¿Será que
estamos muy pobres?", volvió a preguntar mi hermano. En
medio de esas expectativas el camión del trasteo avanzaba por
la calle quinta hacia el sur de Cali. En un lugar de la vía giró
hacia Los Farallones y tomó una carretera sin pavimentar.
El aire era limpio y lo que veíamos era grato, pero aguardába-
mos a que, en algún lugar, nubes de gallinazos nos anunciaran
que estábamos llegando a La Buitrera.

Pasaron garzas como trazos de tiza contra el verde oscuro
del farallón. Después oímos la algarabía de una bandada de loras.
Más adelante vimos volar varias parejas de torcazas naguiblan-
cas. A todas estas, ningún gallinazo. La cumbre abrupta y altí-

sima de Los Farallones estaba despejada y marcaba contra el cielo una silueta como el gráfico de un electrocardiograma.

Los buitres no aparecieron y llegamos a una colina desde donde se veía el Valle y el sur de la ciudad. Allí quedaba nuestra nueva casa. Para bañarnos bajábamos por un camino largo y pendiente hasta el río. Nos sumergíamos en sus aguas, nos enjabonábamos, luego clavábamos en los charcos para enjuagarnos, después subíamos a las piedras y nos calentábamos al sol como los pájaros. Una vez vimos una nutria con sus crías, toda su energía era juego. Vivir para jugar era su causa. Papá, mientras las veíamos jugar, contó que en Antioquia las habían acabado porque era muy elegante tener carriel de piel de nutria. Cada que se presentaba la oportunidad comparaba la nueva tierra, las costumbres de nuestro nuevo mundo, con los de Medellín, nos dejaba saber que el lugar en que vivíamos era mucho mejor que aquel del que veníamos. Para afeitarse, buscaba un arbusto, acomodaba un espejo y con una brocha redonda se pintaba de nubes espumosas el rostro; luego lo despintaba, después se vestía y quedaba como todo un vicerrector académico; se echaba agua de colonia, se iba impecable, caminando por la ribera del río hasta el barrio Meléndez, de donde salían los buses para el centro. Volvíamos a la casa y allí nos entregábamos a Alí Babá, nuestro caballo, uno de los seres que más amamos en la vida. O a la huerta, o a la lectura en voz alta o a necear; también nos volábamos a las fincas vecinas a descubrir el mundo. Al final del día olíamos a naranjas robadas y las manos nos quedaban manchadas con la melancolía de las cáscaras.

Los fines de semana llegaban los amigos de papá en sus carros con sus hijos, que sí iban al colegio. Y nos miraban como a bichos raros. Nos desafiaban con cosas que sabían y nosotros no.

—¿Cuánto es siete por ocho? —preguntó Alfonso, uno de los hijos de Jaime Vásquez.

Nosotros nos miramos aterrados. Cuando se fueron preguntamos cuánto era siete por ocho, papá se molestó, dio la respuesta y también dijo que saber eso no servía para nada. A la semana siguiente nos empezaron a enseñar teoría de conjuntos. Por mi cuenta, aprendí las tablas de multiplicar, que estaban en la contratapa de un cuaderno Norma.

Papá arengaba a sus amigos:

"La educación reproduce el sistema en que vivimos, nos educamos y educamos a nuestros hijos para perpetuarlo, es un sistema ruin, inhumano, los hijos nuestros no deberían ser parte del sistema: ni obreros y mucho menos patrones".

A propósito de esas ideas, Margarita dijo una vez:

—A ninguno de los hijos de los amigos de su papá lo sacaron de la escuela. Y con lo de la propiedad, igual: la propiedad, la riqueza, ¡el gran pecado! —alzó las cejas—. Su papá sólo tiene libros… y a ustedes. Y mientras llega ese día y esa dichosa mañana, los amigos con los que va a cambiar el mundo ya tienen casa, carro y beca. ¡Qué pesar!

El 19 de abril de 1970 estaban reunidos los del grupo de *El Capital*. Escuchaban en la radio el informe del escrutinio de votos para la elección de presidente. Los candidatos eran Misael Pastrana y el general Rojas Pinilla. Escuché decir: "Hay que acabar con el negocio de la repartición del Estado entre los partidos Liberal y Conservador".

Sentados en el corredor sumaban las cifras que daban en la radio. A las siete de la noche, el general Rojas Pinilla ganaba las elecciones. Nuestro padre y sus amigos estaban expectantes. "Se acabó el Frente Nacional", decían. Se abrazaban, brindaban a la salud de un nuevo país, bebían ron. En lo más animado de la celebración se fue la luz y toda Colombia quedó en penumbras, a los niños también nos mandaron a dormir. Al día siguiente, nuestro padre dijo que se habían robado las elecciones y vaticinó —era bueno para los vaticinios—: "Lo que vendrá va a ser el comienzo de otra desgracia nacional".

Una vez llegó a la casa una familia de campesinos desplazados por la violencia. Una pareja joven con tres niños. Preguntaron por papá. Yolanda los atendió. Explicaron que la tarde anterior se habían encontrado en la chiva con nuestro padre y le habían contado sobre su desplazamiento y sobre el asesinato de sus parientes. También dijeron que nuestro padre les había regalado unas camas y que venían por ellas. Yolanda les dijo que estaba enterada y los hizo seguir, les dio un gran desayuno, les regaló unas ollas, alguna ropa y las camas de mi hermano y la mía. Nos tocó dormir varios meses en una estera en el suelo.

Una noche, la yegua del vecino dio a luz a un potrillo negro y cuando fuimos al lindero a conocerlo, el vecino le comentó a nuestro padre que estaban buscando un nombre y que no se ponían de acuerdo. Sin saber de dónde, ni por qué, dije: "Apagón". Me miraron admirados. El vecino se fue repitiendo la palabra hasta que entró a la tiniebla del establo.

12

Regresamos a Medellín. La casa de la abuela ya no estaba, se la había vendido a Juan, un hermano del abuelo. La tumbaron para hacer un edificio. Sufrí una conmoción: destruyeron el jardín de las delicias. El origen de la belleza, nuestro limbo que fue paraíso: los patios de la infancia. Sentí una mutilación física. El mejor lugar de mi memoria era un hueco inmenso en el que unos obreros construían los cimientos del progreso del barrio.

Margarita se había instalado en un apartamento en el centro. Cuando pregunté por Catalina contó que estaba viviendo en Venezuela. Que ya tenía casa propia y un bebé, y que el esposo manejaba un carrotanque en una petrolera. Primera tusa. Me distrajo de la tristeza un regalo: *El tesoro de la juventud*, una especie de Google prehistórico que tenía al comienzo un lema: "El libro de los porqués". Viví en sus veinte tomos.

Nos instalamos en la vereda Pajarito, en una casa campesina desde donde se veía reverberar la ciudad. Papá traía el periódico todos los días, seguí con fervor el *match* por el campeonato del mundo entre Spassky y Fischer. En casa eran hinchas de Spassky, que era el campeón; a mí me gustaba el juego de Fischer, el retador, porque evitaba las tablas y siempre jugaba a ganar. Tanto papá como sus amigos que eran de izquierda apoyaban al soviético. Yo, para no molestar, hacía fuerza en silencio por Fischer, que perdió la primera partida del *match*, no se presentó a la segunda y la perdió por W.O. Les oí decir que Fischer abandonaría el *match*, que era un cobarde, que ya había perdido, que tenía el comportamiento típico de un psicótico, que dejar un alfil en el aire en la primera partida demostraba lo mal que estaba. Lo que siguió fue regocijo y silencio: Fischer ganó el *match* 12 y 1/2 a 8 y 1/2. El hombre en la luna, Fischer campeón del mundo, Marilyn Monroe y los cuentos de Truman Capote produjeron una admiración creciente y secreta por los Estados Unidos, país del cual se hablaba en casa como el responsable de casi todos los males del mundo. También pensaba que el Ford 61 era mejor que el Jeep Gaz ruso de uno de los amigos de papá. Discrepar en silencio fue algo que aprendí en ese tiempo.

Leí que los soviéticos habían mandado en 1957 a la perrita Laica, "el primer ser vivo en el espacio", a morir en semejante soledad. Los odié.

13

Un día, explorando los alrededores de la finca donde vivíamos, lo vimos. Era un árbol de pomarrosas. Desde que entramos en él se convirtió en el lugar donde huíamos del mundo.

Era diciembre y esa tarde nos visitaban nuestros primos y sus padres: Magdalena, hermana de mi padre, y Darío, su esposo, un empresario muy rico.

No reconocimos a nuestros primos. Cuando nos presentaron se hizo evidente que éramos diferentes: estrenaban ropa fina y Carlos, el mayor, contó que venían del Club Hípico, en donde tenían diez caballos de raza. Explicó que por eso traía puestas las botas de montar.

—Me gusta saltar —chicaneó.

Lo invitamos al árbol. Mi hermano subió primero, yo lo seguí. Carlos trató de subir, pero las botas de equitación se resbalaron sobre la corteza, trastabilló dos veces antes de lograr las ramas bajas. Ya en el interior del árbol, escuchamos a los azulejos que entraban y salían, frenesí, excitación. Picoteaban las pomas, lanzaban sus agudos de trompeta y luego huían. Comenzamos a ascender hacia la copa. Tratamos de llegar a las pomas maduras. Fernando coronó primero y nos lanzó un par, yo atrapé una, el primo entorpecido por el susto dejó caer la de él. Le alcancé la mía.

Carlos preguntó:

—¿Esto qué es?

—Una pomarrosa —respondí.

—¿Y se come?

—Sí —dijo mi hermano desde lo alto.

Fernando agitó la poma para hacer sonar sus semillas. Carlos imitó el movimiento y exclamó:

—Suena.

—Es una maraca —dije.

La mordió y escupió.

—Sabe a fruta de pobres —dijo.

Comenzó a descender, resbaló. Reímos. Se levantó del prado y corrió hacia la casa.

Desde el recinto fresco del árbol escuchamos que gritaba mientras corría: "Papá, papá". Guardamos silencio y nos quedamos allí disfrutando de la frescura, de la fragancia de las frutas y de la opacidad de aquel lugar de hojas oscuras, de penachos amarillos y pomas rosáceas que para nuestros paladares de pobre eran una delicia.

—¿Cuáles son las frutas de los ricos? —preguntó mi hermano.

—Las uvas, los duraznos.

Seguimos allí esperando. Cuando la tarde perdía su luz vimos que el primo Carlos venía de la casa con una determinación inquietante. Subió al árbol sin contratiempos y se acomodó lo más seguro que pudo y comenzó a disparar:

—Que ustedes nunca llegarán a ninguna parte. Y que no tienen futuro. Que van a ser un desperdicio.

Lo miramos con curiosidad. No respondimos.

—Mi mamá le dijo a su papá que como los había sacado del colegio, ustedes iban a ser unos fracasados. Él se puso bravo y dijo que nos fuéramos. Mi mamá dijo que si la estaba echando, no volvía por acá.

Miré hacia la casa y vi que se encendían las luces. La luz del día competía con la de los bombillos. Un murciélago entró al árbol y se colgó de una rama alta justo encima de una pomarrosa. El aspecto siniestro me pareció poca cosa en comparación con lo que acabábamos de escuchar. Sentí curiosidad y me concentré para verlo comer. El primo estaba aterrorizado, ni respiraba. Bajó del árbol en absoluto silencio. Mi hermano, que se encontraba más cerca del diablillo colgante, no le quitaba los ojos de encima. Sentí que había venido a socorrernos, que había acallado lo que decía el primo y que de algún modo intuíamos. Aun así, no soporté escucharlo: lo que era un temor, una sospecha, adquiría ahora el rostro claro y evidente de la verdad.

—¿Si no vamos al colegio, vamos a ser desperdicio? —preguntó mi hermano.

—No sé.

—¿Desperdicio es lo que botan o lo que regalan?

—…

—¿Será que nos van regalar?

—…

—¿Cómo saltan los caballos de raza pura?

Al fondo, por entre el follaje del árbol, vimos que los primos se iban de la casa. Darío salió primero, llamaba manoteando a Magdalena para que dejara de alegar con papá.

Carlos miraba hacia el árbol con curiosidad, algo dijo, señaló en nuestra dirección. Corrió hacia nosotros, pero Darío lo retuvo. Magdalena gritaba:

—Usted, que tanto defiende los derechos, les está quitando a sus propios hijos el más sagrado de todos.

Finalmente se fueron y la noche se adueñó del árbol. La casa se hizo más nítida. Era hermoso verla desde lo alto del pomarroso. Otros murciélagos entraron al árbol. Una tórtola que no habíamos percibido empezó a cantar desde su nido. Nosotros escuchábamos y sentíamos aquel lugar como nuestra madriguera, allí estábamos a salvo, el futuro no existía, además nadie podía vernos. Oímos gritar nuestros nombres. Nos quedamos quietos y mudos. Entonces vimos a Yolanda en el corredor. Papá salió y comenzó a llamarnos.

—¡Se los llevó! —gritó nuestro padre.

Lo que oí me llenó de tranquilidad. Ya no nos buscarían, ya no tendríamos que ir a casa a preguntar sobre nuestro futuro.

Llegó un golpe de viento que hizo mecer el árbol, mi hermano sonreía en lo alto de la copa complacido por ese columpio inesperado. Me alcanzó otra poma. Cuando la mordí me percaté de que tenía las marcas del mordisco de un murciélago. Pensé que me iba a transmitir la rabia. Nuestro padre caminaba por el corredor.

Comí con avidez la poma, quería que la rabia del murciélago me diera valor para enfrentar lo que fuera a suceder.

—¿Será que la tía nos va a llevar a vivir al club de los caballos?

—…

Desde donde estábamos se veía adentro de la casa una parte del árbol de Navidad. Alcancé a ver las siluetas de los ángeles girando sobre sí y las bolas doradas contra el verde del pino. Miré el cielo, las pomarrosas parecían haberse disuelto en él.

—¿Será mejor que vivamos con la tía?

—El primo Carlos no nos va a dejar en paz.

La pelea entre papá y la tía Magdalena duró toda la vida. No se hablaron nunca más.

En aquella casa realizamos nuestro primer trabajo clandestino. Iban a imprimir una revista de formación política. El artefacto de impresión lo trajo a casa un señor que, según la abuela, era de una familia muy rica; cuando no estaba se referían a él como "seperdioesaplata": Santiago Peláez era su nombre. El aparato que trajo era mitad máquina de moler, mitad máquina de escribir. De noche, con las cortinas cerradas comenzaba la molienda. Ponían sobre un tambor del tamaño de un tarro de galletas Noel un papel de tela que se llamaba esténcil, tenía en la parte de arriba unas perforaciones para engancharlo al tambor, luego esparcían tinta litográfica sobre un rodillo de caucho. La publicación de cuatro hojas tamaño oficio llevaba un encabezado que hacía referencia a *El Capital* de Marx: *Veinte varas de lienzo*. Nos turnábamos dando vueltas a la manivela, escuchábamos cómo giraba el tambor del mimeógrafo, a cada giro completo de la manivela salía una página impresa. La casa sonaba a fábrica, nosotros nos sentíamos parte de una misión peligrosa como las que le eran encomendadas a Kalimán. Todo ocurría en un ambiente secreto en el cual nos sentíamos parte de algo muy importante y prohibido. Nuestra "misión", dijo un día orgulloso nuestro padre, era la "formación política". Cuando terminábamos con las resmillas de papel y con la tarea encomendada, quedaba la sensación de que allí acababa de suceder un acto trascendente, el inicio de lo que sería la transformación del mundo, la cuota inicial del pasaje a los siglos dichosos en los cuales todas las cosas serían comunes.

La abuela una vez dijo:

—No me explico por qué su papá y los amigos con que se reúne, mientras más estudian *El Capital,* más pobres son.

Un día bajamos a Medellín y fuimos a buscar a papá a una tienda por la facultad de Medicina de la Universidad de Antioquia, en donde se reunía con los compañeros de trabajo. La universidad estaba cerrada por una huelga. Cuando llegamos, papá conversaba con un señor que también era profesor. Vestía un delantal de médico, tenía una sonrisa que daba la impresión de ser la mitad para nosotros y la mitad para él, para lo que estaba pensando. Tomaban tinto. Hablaban sobre la huelga. De pronto, un pajarito se posó en el borde de la azucarera. Comenzó a picotear el azúcar. No tenía miedo de nosotros, comía con serenidad y a cada picotazo seguía un acto de aseo retirando de su carita los cristales de azúcar con sacudones de cabeza y restregando su pico en las plumas. Luego volvía a lanzar otro picotazo al centro de la dulzura. Era tan hermoso lo que veíamos que todos nos paralizamos de emoción.

—Es una silga mielera —dijo el médico en voz baja, como para no espantarla.

Era pequeña con el pecho amarillo y unas rayas negras como un antifaz a la altura de los ojos. Limpió su pico en el borde de la azucarera, luego se agitó toda como si se hubiera bañado y voló a un almendro. Miré el almendro, adentro de su follaje se movían la silga y dos azulejos, colores jugando a perseguirse, colores cantando. El médico se levantó emocionado por lo que había ocurrido, tomó aire, luego dijo:

—Y dicen que Dios no existe, ¡qué pecado! —y se entregó a una gran carcajada, bondadosa, sonora y feliz. Luego se marchó.

—¿Quién es? —pregunté.

—Héctor Abad Gómez —respondió papá.

14

Volvimos a Cali. Era la primera vez que viajábamos en avión; un DC-6 de Avianca. Daba susto por lo de la muerte del abuelo; sin embargo, la emoción espantaba el miedo, igual que en la montaña rusa de los parques de atracciones. La belleza tranquilizadora de la azafata ayudó a vivir aquel primer vuelo como una pugna en la que el miedo fue vencido por el vértigo fascinante de estar en el cielo, entre las nubes, sobrevolando los nevados. La seguridad de pasarela con la que nos atendía, las sonrisas aéreas que nos ofrecía, su falda y su ruana rojas ayudaron a enfrentar el terror que producían las turbulencias y el miedo de morir achicharrado se disipó. Abajo, el Valle, los sembrados de sorgo, los de algodón, las lagunas de los arrozales y la caña dulce. Los garzones y la cámara lenta de su vuelo. Y el río Cauca gozando perezoso, zigzagueante, relamiendo toda aquella belleza. Repasándola. Cuando aterrizamos nos invadió una alegría heroica de haber vivido por primera vez el triunfo de la vida sobre la muerte.

En Cali, papá y sus amigos crearon un periódico que se llamaba *Ruptura*. Ya no se imprimía en mimeógrafo, lo mandaban a las imprentas del barrio San Nicolás. Con frecuencia papá pedía a sus amigos, como un favor especial, que se acercaran a nosotros y que trataran de orientarnos, de enseñarnos lo que pudieran. Una vez acompañé a Víctor Peña, un ser hecho de dos sustancias contrarias, picardía y solemnidad, y a Alexandra Walter, que tenía en sus ojos la alegría del sí a los permisos para los paseos. Eran del grupo de estudio de papá, y ese día iban a recoger el periódico. En el taller de impresión estaban retrasados y nos tocó esperar; cogí uno de los ejemplares de prueba. Me llamó la atención el título de un artículo: "Desde, sobre, contra la familia". Lo que pude leer era muy confuso, las ideas parecían sofocadas unas contra las otras, como cuando la gente se apiña en los buses y dejan de ser individuos y se vuelven masa, densidad. Entre tantas palabras incomprensibles alcancé a vislumbrar que la familia era algo que atormentaba a quien escribía. Busqué el nombre del autor, pero el artículo no estaba firmado. Pregunté a Víctor:

—¿Quién escribió esto?

—Es un artículo colectivo.

—¿Entonces todos ustedes están contra la familia?

—Se trata de una reflexión crítica en torno a la familia —explicó con una sonrisa que intentaba tranquilizarme.

Esa semana fuimos a la avenida Sexta con mi hermano, estábamos en la heladería Dari Frost cuando vimos por la calle a un grupo de unos veinte muchachos. Cuatro de ellos caminaban subidos en zancos. Nos llamó la atención que vistieran saco y corbata, como si fueran para una boda o una graduación. Sostenían en sus manos estandartes, banderines y una imagen de la Virgen María con un letrero que decía: *Legión de la Virgen*. Cuando pasaron frente a nosotros empezaron a gritar: "Somos Tradición, Familia y Propiedad… ¡Contra el comunismo! Somos Tradición, Familia y Propiedad…".

La furia con que gritaban hacía que en sus cuellos se les brotaran las arterias y sus rostros se enrojecieran por una rabia que los enardecía. Hice una conjetura: seguro habían leído el artículo del periódico de papá y sus amigos. Notamos que todos tenían apariencia de señoritos ricos. Los seguían unas camionetas oscuras con las luces encendidas. Cuando llegamos a casa, le contamos a papá lo que había ocurrido. Al final dije:

—Seguro ya leyeron lo que ustedes escribieron contra la familia.

Se atacó de risa. Esa semana les contó a todos los del grupo de *Ruptura* lo ocurrido. Reían estrepitosamente. Sentí que se burlaban de nosotros y no logré entender el motivo de tanta hilaridad. Me pregunté si la familia era algo que el grupo y su periódico se proponían erradicar en secreto, o si existían razones ocultas para esa burla.

Por ese tiempo fue cuando creamos la asamblea del país lejano. De tanto en tanto, nos reuníamos a planear el futuro. Silvia propuso ir a buscar a la mamá. Fernando dijo que lo mejor sería irnos a una montaña o a la selva y que viviéramos de la caza y la pesca como había visto en un libro que hacían los indígenas. Yo propuse que nos fuéramos a pie por la carrilera del tren hasta Medellín y buscáramos a la abuela Margarita. Aquella asamblea era clandestina; en cada reunión nos repartíamos tareas: averiguar si a los niños les venden pasajes. Averiguar si la mamá existe y en dónde vive. Averiguar si los indígenas reciben niños grandes. En esas primeras investigaciones usábamos a los amigos, y a nuestros tutores. A la profesora de pintura, Luz Arango, le pregunté si a los niños les vendían pasajes de tren o de autobús. Ella dijo:

—No, los deben comprar los papás.

—¿Y si no tienen papás?

—Todos los niños tienen papás o acudientes, ahora termina de pintar la acuarela, la casa está torcida, parece que fuera a salir volando.

Tarea: averiguar qué es acudiente. Mi hermana le preguntó a una amiga que vivía en Bogotá si sabía cómo buscar a nuestra mamá. Mi hermano le preguntó a Dolores, la señora que nos lavaba la ropa, si conocía alguna tribu y si podía enviarles mensajes, mensajes de verdad, que no fueran de humo.

En casa, además de aprender poemas de memoria, comenzamos a aprender prosa de memoria. Leímos *El Quijote*. Nuestro padre propuso que aprendiéramos el "Discurso a los cabreros":

Dichosa edad y siglos dichosos aquéllos a quien los antiguos pusieron nombre de dorados, y no porque en ellos el oro, que en esta nuestra edad de hierro tanto se estima, se alcanzase en aquella venturosa sin fatiga alguna, sino porque entonces los que en ella vivían ignoraban estas dos palabras de tuyo y mío. Eran en aquella santa edad todas las cosas comunes; a nadie le era necesario, para alcanzar su ordinario sustento, tomar otro trabajo que alzar la mano y alcanzarle de las robustas encinas, que liberalmente les estaban convidando con su dulce y sazonado fruto. Los valientes alcornoques despedían de sí, sin otro artificio que el de su cortesía, sus anchas y livianas cortezas, con que se comenzaron a cubrir las casas, sobre rústicas estacas sustentadas, no más que para defensa de las inclemencias del cielo. Todo era paz entonces, todo amistad, todo concordia.

Fernando dijo que esa era la manera como deberíamos vivir. Y que lo mejor era que no íbamos a tener que trabajar. Que no nos preocupáramos, que seguro papá tenía todo planeado.

Un día nos llevaron a pasar una temporada al campo, a una finca de uno de los amigos de papá. Era una casa rodeada de cafetales, estaban en plena cosecha. Nos pasamos varias semanas cogiendo café entre pájaros, mariposas azules, ruido de chicharras, bajo la sombra de guamos y cedros. Por las tardes nos turnábamos en la despulpadora, que funcionaba igual que el mimeógrafo, pero en cambio de hojas impresas lo que salía a cada vuelta de la manivela eran granos de café, libres de sus cáscaras, recubiertos por una baba dulce y translúcida.

Un lunes en la mañana estábamos cogiendo café cuando escuchamos a un muchacho campesino decir que se tenía que ir a mediodía porque le habían matado a su abuelo. No dijo más y nadie le preguntó nada. Por la noche, Jaime Zuluaga, el amigo de papá que nos había invitado, contó que había ocurrido un crimen. Fue uno de los primeros cuentos que intenté:

En el camino que va de Cali a Pichindé hay una cantina, su dueño es el inspector de la comunidad; alterna su oficio de resolver las disputas entre los vecinos con el de vender aguardiente, cerveza y alquilar dos mesas de billar. La tarde del sábado llegó a la cantina un vecino de la vereda, sesenta y cinco años tal vez, bajito y hablador. Tenía terciada una mochila. Pidió cerveza. Después de unas cuantas empezó a presumir del tesoro que llevaba en su mochila. Decía, señalándola, que allí llevaba su herencia. Que valía lo que una finca. Que había esperado veinte años y al fin la tenía. Ya en la noche se fue trastabillando hacia su casa, como siempre que bebía. Al otro día lo encontraron degollado en la mitad del camino. Dijeron que unos muchachos de Siloé, de los que suben los fines de semana a bañarse al río y a jugar billar, lo escucharon en la cantina hablar de la fortuna que llevaba y lo siguieron. Lo que llevaba era la escritura de adjudicación de la parcela en la que habían vivido siempre.

Cuando volvimos le contamos a papá; escuchó atento y luego, muy serio, nos retó:

—Ahí hay un cuento, miren a ver quién lo va a escribir.

En la asamblea del país lejano Silvia dijo que eso no era un cuento, que era una tragedia.

—Pobre señor, todo por culpa de la cerveza.

—¿Dónde quedará la edad de oro? —preguntó Fernando

—No es un sitio, es una época —explicó Silvia.

—¿Y esa cuál época es? —preguntó otro día.

—La infancia —respondió la tía Luisa.

15

Antes de irme de casa estaba concentrado leyendo poesía y montando en bicicleta. Asistí a unas conferencias que papá daba sobre filósofos alemanes: Kant y Nietzsche. Lo que entendí fue que todo era más serio y trascendental de lo que estaba dispuesto a admitir. La tríada kantiana chocaba con la propia experiencia: "Ponerse en el lugar del otro", pensé en un enroque, pero un enroque es ponerse en el lugar de ninguno. Cuando comprendí de qué se trataba, supe que era algo que no me quedaría fácil hacer, y lo de ser consecuente, no entendía qué era. Por esos días, felizmente, descubrí en la biblioteca un libro sobre Epicuro.

Leí: Hedonismo, "Del griego *hedone* (placer). Doctrina ética según la cual el único bien es el placer y el único mal el dolor. En consecuencia, sitúa en el placer la felicidad humana. El hedonismo no consiste en afirmar que el placer es un bien, sino en considerar que el placer es el único y supremo bien". Aquello me recordaba a la abuela.

Tomé nota de algunos postulados de Epicuro.

1. El arte de vivir bien y el arte de morir bien son lo mismo.

2. Nada es suficiente para quien lo suficiente es poco.

3. No ha de ser dichoso el joven, sino el viejo que ha vivido una hermosa vida.

Epicuro pensaba que había que vivir como las nutrias.

En aquellos días de Epicuro, comenzaron nuestras dudas sobre los intelectuales. En la asamblea del país lejano, Fernando dijo que había oído decir que papá era un gran intelectual, luego de un rato preguntó:

—¿Qué es un intelectual?

—Alguien que sabe mucho y nada de lo que sabe se le olvida —respondió Silvia.

—¿Para qué sirven los intelectuales?

—Para convencer a otros de lo que creen.

—¿Los curas son intelectuales?

—No, ellos sólo tienen un libro.

Siguió preguntando hasta que obtuvo la respuesta. Beatriz, la esposa de un amigo de papá, nos dijo en tono de confidencia —mientras hablaba, sus ojos, irónicos, reían—:

—Un intelectual es alguien que piensa sobre los problemas, o se los inventa. Pero sobre todo son señores que viven para conversar, para repetir lo que dicen los libros que leen, y lo que más les interesa es tomar trago con los amigos y sentirse todos muy inteligentes.

Una vez escuchábamos a nuestro padre discutir con sus amigos obreros del sindicato de Cartón Colombia:

—¿Si los intelectuales son de izquierda, por qué los países gobernados por la izquierda los persiguen y los meten a la cárcel? —preguntaba uno.

Silvia respondió:

—Debe ser porque no saben cómo funciona nada; una llave dañada, reparar una gotera, arreglar una chapa, no saben hacer las cosas que se hacen con las manos. Por eso hay que buscar quién haga todo.

En casa, ni los cumpleaños, ni el Día del Padre, y mucho menos el de la Madre, eran motivo de celebración. "Son mecanismos que crea la sociedad de consumo para que consumamos", decía papá.

En la asamblea Silvia nos dijo:

—Papá celebra todos los días, aunque no haya nada que celebrar.

Tampoco teníamos televisor, pues era "un instrumento de dominación capitalista".

En la asamblea nos preguntamos si prohibirnos la televisión era una forma de dominación o una manera de que no nos antojáramos tanto.

Después, cuando a papá lo llamaron para que ayudara con la paz y la reconciliación de los colombianos, le pregunté:

—¿Eres capaz de reconciliar a los colombianos y no puedes hacer las paces con la mamá?

Algo como una insubordinación comenzó a despuntar en nuestro carácter. Los actos de réplica y confrontación con la deriva de nuestra vida produjeron una tirantez y una hostilidad intolerables. Torsión del afecto, estrangulación de lo posible.

Por aquellos días jugamos con papá una partida de ajedrez. El azar de los peones ocultos dentro de las manos le concedió el derecho a conducir las piezas blancas. Pensaba muy despacio. Para mí era fascinante percibir que yo iba más lejos en el cálculo de las variantes, analizaba con mayor precisión las jugadas y sus consecuencias. Adivinaba hasta dónde llegaba su valoración y comprensión de cada posición. Se hizo claro que yo era capaz de ver más que él. Esa experiencia me llenaba de un júbilo que no había sentido nunca. A lo largo de la partida fue perdiendo algunos peones, al final del medio juego había perdido tres. Trató de atacar mi flanco de rey, era un ataque en el que había más entusiasmo y riesgo que cálculo y profundidad. Tras el cambio de las damas, los tres peones perdidos lo condujeron a una lenta derrota.

Al comentar el juego le dije:

—No se pueden dejar los peones indefensos en el punto de partida; hay que hacerlos avanzar. Abandonarlos a su suerte fue el error que te hizo perder.

—¿Qué me estás tratando de decir?

—No estoy tratando, estoy diciendo.

Inclinó el rey y se marchó. En adelante declinó mis invitaciones a jugar. Fue un duro castigo mutuo.

Todo lo que yo hacía o decía le exasperaba y viceversa. La adolescencia, dijeron. Entonces me brindaron la posibilidad de un psicoanálisis. Aquello ocurrió en un lugar que olía a cemento recién fraguado, tenía el aspecto de una casa de campo, pisos de tablón cocido, techos de mangle a la vista y paredes encaladas; se llamaba Centro Sicoanalítico Sigmund Freud. Desde cuando descubrí y completé el conejo de la luna, me aficioné a crear o buscar imágenes. Lo hacía en las manchas sobre el mantel; en el río, mientras me secaba al sol, lanzaba agua sobre una piedra y jugaba a crear rostros, animales, monstruos, mujeres desnudas, la mancha de humedad que el calor de la piedra iba desvaneciendo parecía tener voluntad propia, tomaba rumbos caprichosos y a veces se negaba a ser lo que yo imaginaba; en las sombras, en las nubes, en los fragmentos de un vidrio estropeado; en los hongos que invadían los libros jugaba a imaginar, a dibujar fantasías.

El psicoanálisis es una conversación en la que el que habla está acostado mirando al techo y el que oye está detrás y lo que más se le oye decir es: "Por hoy dejemos aquí". En un libro leí que al que no habla se le concede ser *el sujeto supuesto saber*. El techo del consultorio parecía un oleaje blanco. Como si hubieran arrojado leche y se hubiera congelado. Aquella textura ondeante permitía imaginar y crear infinidad de imágenes. Me pasé muchas de las sesiones pintando en aquel cielo mi propia Capilla Sixtina. Luego de siete semanas anunciaron que "había hecho una transferencia negativa" y no era posible continuar. La razón, explicaron, era que yo no aceptaba lo que me decía el terapeuta: ponía en cuestión su método. Se referían a que cuestioné que la interpretación de los sueños se basara en algo que llamaban "asociación libre". Consistía en decir lo primero que se me viniera a la cabeza cuando el terapeuta preguntara. Conté un sueño:

—Estaba en el campo, unas yeguas bailaban sobre una pradera, yo sentía mucho placer al mirarlas, me excitaba verlas.

El terapeuta preguntó:

—Qué asocias con caballo.

—Eran yeguas —corregí.

Volvió a preguntar:

—Qué asocias con yegua.

—Unas caderas enormes.

Preguntó:

—¿Qué asocias con unas caderas enormes?

—Recuerdo a una mujer con el pelo tan largo que le llegaba hasta las caderas.

Guardó silencio, después de muchos minutos explicó que yo había soñado aquello de los caballos danzando porque tenía un deseo inconsciente por la mujer del cabello largo. Me dio risa, no pude contenerla. Le dije que no conocía a la mujer del cabello largo y que su interpretación me parecía muy traída de los cabellos. Además, que mi deseo era consciente. Y que no eran caballos, que eran yeguas.

—Por hoy dejemos aquí —dijo, y me indicó la puerta.

Me fui decepcionado. Papá se molestó. Contó que el psicoanalista lo había llamado a decir que no seguiría con mi caso.

—¿Entonces soy un caso perdido?

La ironía con que lo dije lo sacó de casillas, me gritó:

—Te crees más de lo que eres. No juegues con eso, no cometas ese error.

—Sí —respondí—: en este juego de ensayo y error con nuestra vida, usted es el que ensaya y nosotros, sus hijos, somos el error.

A pesar de lo directo y contundente del golpe, noté que se admiró y, aunque parecía furioso, estaba complacido con aquella frase. Casi sonríe. Pero siguió en su actuación de padre indignado.

Yo necesitaba otra cosa, y era urgente: ser sin él, sin su tutela, sin sus preocupaciones existenciales. Vivir como tenía copiado en la libreta: "El sentido de la vida es alcanzar su fin último, que para el hedonismo es la ausencia de dolor (aponía) que nos dará la tranquilidad de ánimo (ataraxia), en ello radica la felicidad".

Por esos días me pegué la primera borrachera. Robé un vino de la casa y me lo tomé en un parque. No supe cómo volví ni qué pasó durante esas horas, el dios de los borrachos me protegió. Tuve un guayabo oscuro y un sueño o un delirio. Soñé o deliré que veía a mis padres sentados en un diván para dos. El diván era hermoso, ellos no. Querían hablar porque nosotros queríamos. Ellos no. Estaban allí cómodos e incómodos. Comodidad del cuerpo, incomodidad de ellos. Fueron ellos los que se dañaron. Nosotros no. No deberíamos sufrir daño ninguno. La abuela decía desde un balcón: aprende a reír en medio del incendio, así debe ser. Aprende a saber que eres otro que viene de la cal y del oro, pero otro. Supe que podía reír, reír de verdad.

Le escribía a la abuela: "La familia es una caldera. Si no hay válvula de escape (el colegio es un recreo para liberar vapor), se hace intolerable, explosiva".

La hostilidad hacia papá se volvió hacia mí como un bumerán, aletazo macabro. Comencé a repudiarme, a tener ideas oscuras sobre lo que yo era. A pensar que la palabra *suicidio* con sus tres íes punzantes era una hermosa palabra y una posible, definitiva solución: eso sí es poner los puntos sobre las íes. Por esos días un escritor joven se suicidó, era tímido y tartamudo. Lo vi dos veces en el cine club que dirigía, y otra vez en una mesa del restaurante Los Turcos tomando Póker mientras leía una revista. Andrés Caicedo. Escribía como si fuera el centro de un nudo de culpas a punto de explotar: denuncia, testimonio ensimismado y expiación de lo inadmisible. Después del suicidio alcanzó la fama de manera prematura y póstuma. Nació un mito, no había razones. La razón destruye los mitos, destruye la poesía, destruye la maravilla de no saber. Mayolo, un amigo suyo, comentó: "Quería ser famoso a como diera lugar".

Abordé a papá, sin preámbulo, a quemarropa:

—No alcanzaremos a ver una sociedad como la que te imaginas, lo que veo es que sólo nos quedan tres opciones: ser hippies, delincuentes o mantenidos, y nada de eso me interesa.

Silencio.

—Se acabó el tiempo de nosotros.

Papá se fue metiendo como hacia adentro, buscando tal vez una defensa.

Silencio.

—O tal vez podemos regresar a la "dichosa edad y a los siglos dichosos a los que los antiguos pusieron el nombre de dorado… —Y recité de memoria el "Discurso a los cabreros". No me dejó terminar:

—Ya basta —golpeó la mesa—. ¡No quiero oírte más! ¡No más! —Y señaló la puerta.

II

16

Comencé a escribir un diario. La primera línea dice: "Era parte de una casa sin rumbo. Íbamos a la deriva".

Me fui de casa. Primera mudanza propia. Cuando conocí esa palabra pensé que estaba compuesta por el mugido del ternero que busca a su madre y la palabra danza. Mi hermano se había ido a vivir a una casa comunitaria, que hacía parte del proyecto "Contra Escuela Franz Kafka", un experimento de unos amigos de nuestro padre. Mi hermana, ese mismo año, se cuasi voló a vivir con su primer novio.

Yo iba a cumplir quince años. Sospechaba que mi vida estaría mejor gobernada y tendría rumbos más ciertos si yo mismo me hacía cargo. Ayudaron las discusiones en la asamblea del país lejano y los dos años con la abuela: era posible vivir sin pensárselo tanto. Vivir como enseñaba Epicuro: "Placer mitigado, hedonismo y regulación del placer". Margarita era el ejemplo viviente de esa doctrina.

La primera mudanza fue liviana: una tula pequeña con tres mudas de ropa, cinco libros y un tablero de ajedrez. Me fui lleno de miedo y de fascinación. De algún modo había vivido en una especie de mundo fantástico, sin mayor contacto con la realidad. Fascinación por ver por mí mismo, sin comentarios ni interpretaciones, el mundo. Sentía que iba a nacer.

Los peligros me parecían poca cosa a cambio de la posibilidad de ver y vivir lo que fuera que me deparara el futuro.

Primero trabajé en una granja de conejos. Pagaban el salario mínimo rural. Debía levantarme a las cinco. A las seis entraba al galpón. Allí, los gazapos blancos y sus ojos rojos. Rojo relumbre. Hambre y excitación, hocicos de felpa poniendo ritmo al aire, respiración, belleza sin mácula. Me fascinaba ver sus orejas translúcidas y erectas. Los hilillos de sangre. Apreciaba el blanco, el silencio, la soledad. Entre los conejos, haciéndome el que trabajaba, leí *Martin Eden*, de Jack London. Ante tanta blancura pensaba en el sentido del color. Un día encontré un texto de un pintor de apellido Rayo. Lo leí suavemente, como una oración. Como si leyera poesía:

El blanco es terrible en su pureza, su piel es de cal. Es la realidad sin mentira. El negro es lo que piensa el blanco cuando está dormido y la sombra es lo suave, la siesta, lo que se esconde dentro del doblez. Es la respiración de los cuadros y el cómplice de la luz. El blanco y negro es un contrapunteo, lo perdido y lo encontrado, el sí y el no. Es la negación total de las anécdotas y las referencias. El blanco y el negro juegan un juego de vida y muerte. Todo se oscurece o todo se ilumina. No hay lugar para frivolidades. De un accidente del blanco nace la luz. El doblez es una manera de avanzar. El pájaro se dobla cuando vuela la escalera para permitir subir.

Al contemplar el brillo de los ojos, asistía a la creación del vidrio. El pelaje era luz contra un fondo oscuro que daba lugar a las formas.

En aquel trabajo me daban la alimentación y el alojamiento. Dormía en el depósito que olía a insecticida, a pasto imperial y a concentrado para conejos. Me doblaba la fatiga por el trabajo de cargar el agua, el alimento y por limpiar las jaulas. Más que un ave que se dobla para volar, era un ser doblegado. En la cama pensaba en mis hermanos, saboreaba la soledad, me sentía confortado por saber que la vida era más simple y llevadera; el trabajo físico permitía dormir diez horas seguidas y, al despertar, pensar en el presente, sentir la utilidad de los músculos, apreciar cada cosa, gustar de la vida sin razón. Respirar era ya una razón, resolver un problema de ajedrez era mejor que pensar en problemas reales. La austeridad es hedonismo, placer de lo elemental, amaba los conejos por silentes, porque parecen ser la confirmación de que la belleza no hace ruido y está allí, gratuita y enigmática para quien pueda asirla.

Un día Jorge, el dueño, me comunicó que había que matar diecisiete conejos para atender un pedido de Coomil. Explicó cómo hacerlo. Fue el peor día de mi vida. Había que matar de un garrotazo en la cabeza a los conejos que yo había cuidado y querido. A algunos les puse nombres.

—Eso no lo puedo hacer —dije.

—Si no lo puedes hacer, tampoco puedes trabajar en la conejera, te llevaré a tu casa, esto es un negocio. Además toda la carne que comes alguien la sacrifica.

—Claro, me imagino, pero ¿por qué no los vende vivos?

—No es así este negocio, si no lo haces, ni modo.

—Ya no tengo casa.

Finalmente, una semana después, me tocó matarlos. Esa experiencia me dañó. Casualmente, unos días después de aquella orden leí *Bartleby, el escribiente*. Entonces preferí no seguir haciéndolo. Ante la inminencia de mi despido, una tarde, después de darles la ración de Conejina y de hablar con el amuleto, de tomarme a escondidas un brandy del bar de la casa, abrí las jaulas y la puerta del galpón. En la noche cuando Jorge llegó, yo iba por los potreros; atrás, cientos de conejos blancos festejaban el campo, sus ojos rojos relumbraban ante las farolas del Jeep Carpati. Jorge se bajó del auto, escuché que gritaba mi nombre, seguí adelante. Después supe que algunos de los conejos murieron cazados por los perros de las fincas vecinas. Y que los demás se salvaron porque regresaron buscando sus jaulas. Me sentí un monstruo.

Con los cinco meses de salario ahorrados, tenía el destino en las manos. Al fin gobernaría la deriva de mi vida. En la noche cuando llegué a un hotel de paso que se llamaba la Casa del Viajero, saqué el sobre lleno de billetes y sentí una felicidad nueva. La felicidad prohibida del dinero. En casa no se hablaba del tema. Dinero era sinónimo de suciedad. Y como no había y siempre faltaba, era como hablar de la soga en la casa del ahorcado. Dos de los billetes los cambié por monedas nuevas, las metí a una media. Primera caja de ahorros. A veces me entretenía fantaseando con viajes y agitaba las monedas para escuchar su música, su sonido era el tintineo de la felicidad, las notas de lo posible.

17

Una fuerza que rebasaba el entendimiento comenzó a inva-
dirme, el mundo adquirió una voluptuosidad que me sobre-
pasaba, una fuerza apremiante que se imponía a mis
pensamientos, a mi voluntad. Todo a mi alrededor se erotizó,
sentía algo irrefrenable, una fiebre, una languidez, un ímpetu.
Todo me turbaba y por todo me masturbaba.

Clara era profesora de gramática. Yo iba a la biblioteca
pública para que me ayudara con algo difícil de comprender.
Desde que la vi quedé deslumbrado. Además de tener la gracia que confiere el conocimiento y la delicada paciencia para
tratar de explicar a un cerebro confundido por la actividad hor-
monal los asuntos técnicos del lenguaje, sonreía con serenidad, se movía con sensualidad; su voz era agua fresca para mi
ardida confusión. Deslumbrado por la armonía de sus gestos,
por su clara, próxima, casi insoportable belleza, muy a pesar
de ella, yo no entendía. Y sin embargo el momento más feliz
de mi vida era el jueves de tres a cinco.

Me daba a adivinar cómo estaría vestida: ¿su falda sería la
escocesa o la de lunares rojos?, ¿llevará la pulsera de hilos verdes o la de cuentas azules? Hacía cábalas sobre el cabello: si tren-
zado, en cola de caballo o suelto. En secreto y con extremas
medidas de seguridad, escribí en el cuaderno un poema en el

que confesaba mi amor. Lo quemé por temor a que lo descubriera y se revelara "todo". Recuerdo que decía: "Tus palabras no las comprendo, son música que me besa".

Como los avances intelectuales eran casi nulos, un día Clara propuso, a modo de tarea, que leyera el diccionario de la RAE.

—Lee lo que dice sobre el verbo *ser*. Y escribe cada una de las acepciones. El jueves hablaremos sobre lo que comprendiste.

Busqué el libro, era pesado e incómodo, como si las tantísimas palabras lo hicieran insoportable entre las manos.

Comencé a transcribir:

Ser: Verbo copulativo. Usado para afirmar del sujeto lo que significa el atributo.

Quedé un poco atolondrado. Busqué el significado de copulativo, la búsqueda me llevó a la palabra cópula, leí: "Verbo intransitivo. Realizar la cópula o unión sexual. Unirse o juntarse sexualmente". Luego de mucho cavilar concluí, lleno de entusiasmo, que aquello de la tarea era un mensaje cifrado. Seguí adelante:

- Estar en lugar o situación.
- Suceder, acontecer, tener lugar.
- Valer, costar.
- Indica relación de posesión.
- Opinar del mismo modo que alguien. *Soy Con.*
- Formar parte de.

A estas alturas de la transcripción ya estaba convencido de que la tarea era un mensaje y que Clara correspondía a mis sentimientos. De allí en adelante sólo transcribía lo que consideré era el mensaje que ella me enviaba.

1. expr. es decir, lo que fuere, sonará.

2. expr. Denota que se arrostran las consecuencias de una decisión, por peligrosas que sean.

3. expr. coloq. para dar a entender que a su tiempo se hará patente algo, o se conocerán sus consecuencias.

Aquí dejé de transcribir, pensé que era suficiente y que había que pasar a la acción.

El jueves llegué puntual. La cola de caballo parecía un banderín oscuro en la ventisca, el vestido azul, justo a la altura de las rodillas. Las rodillas se me antojaron juguetes. El escote en V, la Vía Láctea. Nos sentamos en el sofá de la sala de lectura, me preguntó por la tarea.

Le tendí lo que había transcrito, la hoja tembló. La tomó y leyó con cuidado, luego me miró y sonrió.

—¿Entendiste? —preguntó inquisitiva.

—Creo que sí.

—Dime qué entendiste sobre este verbo.

—Que es el más importante para lo que estamos viviendo.

—¿A qué te refieres?

—A lo que somos, o lo que podemos ser.

—Muy bien.

Se sentó muy cerca de mí y luego de leer dijo:

—Pensé que nunca lo entenderías.

—Es que a veces me confundo, es mi primera vez.

—Bien, entonces ahora que has comprendido escribe un texto que exprese lo que sientes y deseas y lo vas a hacer con el verbo *estar*. Vamos a proceder de la siguiente manera: vas al diccionario y lees todo sobre el verbo *estar*, luego con las definiciones vas construyendo el texto.

Asentí, estábamos muy cerca, su antebrazo rozó mi mano y todo mi ser sufrió una turbación, un mareo. Clara se levantó para atender a un usuario de la biblioteca.

Comencé con el ejercicio, escribí:
Soy contigo, con usted…

1. expr. para prevenir a alguien que espere un poco para hablarle. Soy mío.
2. expr. para indicar la libertad o independencia que tiene respecto de otro para obrar.

Clara regresó y se sentó a ver lo que escribía.

Entonces posé mi mano sobre el juguete esférico de sus rodillas. Acto seguido, como si hubiera oprimido un mecanismo neumático, Clara se levantó, expresó con claridad la palabra "atrevido" y una indignación que la hizo ver casi fea la sacó de mi vista para siempre.

La gramática no es mi fuerte. Me confunde.

Me quedó un sabor cristalino, amargo y dulce, viscoso, como el del final de la miel.

18

Comencé a ir a un club de ajedrez. Iba a medir fuerzas con aficionados y a conocer el mundo de los ajedrecistas. Un día en la cartelera leí: "Se alquila pieza a persona sola". La habitación era en una casa grande de arquitectura republicana en el barrio Granada. Por esos días trabajaba en una imprenta en el área de encuadernación. Mi tarea era compaginar libros página por página, emblocarlos, engomarlos y dejarlos listos para que el Mocho Cruz, en la guillotina, los refilara. Ganaba un salario mínimo urbano, sin contrato ni prestaciones, pues era menor de edad. "Trabajo ilegal, pero decente", dije en una carta a mi abuela. Fui ayudante en aquella imprenta. Dormía la siesta sobre el papel desechado, aspirando el olor de la tinta, arrullado por el ruido ferroviario de las máquinas, los sonidos de sus rodillos y el del aire de las ventosas que toman el papel y lo llevan a la plancha y a la tinta. Viví entre hacedores de libros. Entre galeras, lámparas de cobalto, observé el milagro de las palabras reveladas por el ácido en la lámina. Mis manos volaban tras las manos de las muchachas que ordenaban las páginas. Y supe que antes de ver los ojos del lector todos los libros pasan por la guillotina.

A la imprenta iba un artista al que le interesaba la maculatura. La primera vez que lo vi pensé que era un reciclador o un loco, estaba jubiloso observando pliegos que tomaba de una montaña de papel que formaba la basura de la imprenta. Eran impresiones de imágenes superpuestas. En el pliego que miraba había una imagen del Sagrado Corazón de Jesús y sobre él luchaban por ser otras imágenes sobreimpresas: el azul de los ojos de Liz Taylor, Bruce Lee en actitud desafiante. En otro pliego, Louise Fletcher, la de *Atrapado sin salida*, aparecía tachonada por las marcas: Rosquillas Caleñas, Guido lo Viste y Motel La Siesta. El rostro de la Fiera Cáceres, jugador del América de Cali, se fundía en el trampolín del Balneario Estambul con el cuerpo de la señorita Valle, Aura María Mojica. Eran las pruebas de registro, el case de los colores antes de la impresión. Para no desperdiciar papel, la búsqueda del registro producía aquel *collage* del azar, mosaico caprichoso y sintético de lo vivido y lo olvidado.

Tuve dificultades para pagar la renta, era la mitad de lo que ganaba. Comía en restaurantes de menú y no alcanzaba el dinero para la noche ni para los fines de semana, y menos para intentar un amor. Anoté: "Esto es una prisión: trabajar, comer y dormir, mirar vitrinas, mirar la belleza pasar. Ver y no tocar se llama malestar. La pobreza es efectiva regulación del placer".

La casa en que alquilé la pieza "para persona sola" era de una familia separada. Laila se llamaba la dueña, vivía con sus hijos: un niño de nueve y otro de siete años. (Les enseñé a jugar ajedrez para que no pelearan tanto). A Laila la poseía una gracia triste. "Treinta y tres años" le escuché decir por teléfono a un encuestador. Su voz era suave, hablaba en un tono de confidencia que me hacía sentir parte de ella. Un día la oí contarle a una amiga que cuando el esposo había embarazado a "la alumna esa", ella la confrontó, y que la "niñita" le había confesado que Clemente era el primer hombre con el que había estado; "te imaginás, aprovecharse de una alumna y además virgen". Laila era hija de una familia muy respetada de Cali, nunca supe por qué era respetada, pero la escuché presumir de su familia y de sus apellidos: Cucalón Navia. Supe, poco a poco, parando oreja, que cuando ella se enamoró de su exmarido, él era su profesor en la maestría de Psicología clínica. Luego ella quedó en embarazo y terminaron casándose. A él le tocó separase de su primera esposa, que también había sido su alumna.

Laila practicaba yoga todas las noches en la sala. La veía forrada en su trusa azul mientras realizaba lo que parecían ejercicios eróticos. Haciendo abstracción de la licra, imaginaba aquel cuerpo y me excitaba hasta el "onanismo". Esa palabra la escuché de labios del psicoanalista; según él, era equivalente a hacerse la paja. Investigué en un diccionario ilustrado: "La palabra onanismo deriva de Onán, cuya historia se encuentra en la Biblia en el libro de Génesis. Onán, hijo de Judá, tenía un hermano mayor que murió y estaba casado. Según las leyes del judaísmo, Onán contrajo matrimonio con su cuñada Tamar, la esposa de su hermano muerto. En caso de que tuviesen un descendiente, no sería considerado como hijo de Onán sino como hijo de su hermano y lo desplazaría en la sucesión hereditaria de la familia. Por ello, cuando Onán tenía sexo con Tamar, procuraba evitar la eyaculación dentro de su amada". Concluí que el psicoanálisis, o el psicoanalista, era bastante impreciso respecto a que onanismo es igual a masturbación. Aunque la palabra me gustaba. Me sonaba a unomismo.

Una mañana estaba en la cocina preparando el café y entró. Vestía la camisilla transparente que usaba para dormir. Vi sus pechos. Sus pezones se quedaron mirándome a los ojos, muy erguidos, no apartaban su turgencia de mí. Sentí una combustión, ella sonrió halagada por mi turbación. Luego se metió al baño; oí el agua de la ducha en su desnudez, imaginé sus pezones mirándome a los ojos.

Laila tenía eso que mi abuela llamaba clase. Algo en su ser la hacía única, una mezcla de seguridad, belleza involuntaria y desdén. Y en el caso de Laila, la manera de mirar: dulce y triste. Al sonreír, aquello triste se borraba y su armónica belleza odontológica daba al rostro un equilibrio que la hacía encantadora. Adorable. Yo me deleitaba en silencio. Verla era ya una experiencia que me llenaba de júbilo, como cuando sentía el abrazo de la música: la armonía abrazando algo incandescente dentro de mí. Aliviando.

Clemente, el ex, iba los sábados a dar vuelta y a llevar "remesa". Amaba a sus hijos, pero a los veinte minutos estaba agobiado, se ponía nervioso y se iba. A veces llevaba a la niña para que los hermanitos la vieran. Durante las visitas, Laila se quedaba en la alcoba.

Con lo que yo pagaba por la habitación el exesposo pagaba los servicios. Una vez le llegó una cuenta de dos meses, el profesor la revisó. A Laila le tocó contar que me había atrasado, él dijo imperativo:

—Debe desocupar inmediatamente.

—José ya está al día —intercedió Laila.

Con cierta dignidad de última hora anuncié:

—Me iré cuando se termine el mes.

El ex había dejado un carro viejo, un Dodge verde, en el antejardín. Era tan grande que no cabía en el parqueadero de su nuevo apartamento.

Un día antes del día "D", le conté a Laila que no tenía a dónde ir.

—Algo haremos.

El profesor vino a presenciar mi salida de la casa. Laila me había dado la llave del Dodge. Cuando salí, el señor se despidió:

—Que le vaya bien, mijo, y organícese…

Por la tarde regresé; salté la verja y entré al auto. Le quité el espaldar al asiento de atrás, el espacio adicional permitió estirarme de cuerpo entero. Llovió. Laila abrió la puerta.

—Pandebono y Coca-Cola —dijo ofreciéndome una bolsa de papel.

Se sentó a mi lado; comí con avidez. Traía una blusa de escote "Bardot", como decía la abuela. Miré sus hombros: cumbres redondas. Los goterones de lluvia se ensancharon. Se desató una tormenta. Afuera rugía en ondas la ventisca, parpadeaba el cielo: rayos, truenos, agua. Adentro, tibieza, intimidad. El mundo exterior se hizo invisible.

—Tocó escampar aquí —dijo Laila relajada.

—Viviré en una carpa de lata.

Los relámpagos iluminaban como lámparas de cobalto. Zafó sus sandalias, puso los pies sobre el asiento delantero. Eran unos pies finos: dedos delgados, talones estrechos, tobillos como juguetes dormidos.

—Este carro es un desperdicio, lo vas a usar mientras consigues algo, pero nadie puede darse cuenta. En la guantera puedes guardar... —se incorporó para alcanzar la guantera; no le abría, quedé al lado de su falda; siguiendo un impulso originario, incontenible, metí la cabeza bajo su falda.

—¿Qué haces? —gritó. Me agarró del pelo y me miró a los ojos.

—Eres un atrevido.

—No sé qué me pasó.

Me miró, primero indignada, luego curiosa. En ese momento sonó un trueno que parecía haber caído en la capota misma del auto, temblé del susto. Ella, ante mi cara de pánico, sonrió, puso la mano en mi pecho, latía, latía.

—Sé que debo irme. Cuando escampe, me iré.

—Deja de decir bobadas, no tienes a dónde ir. Una pela es lo que te voy a dar.

Me arrodillé sobre el cojín y le ofrecí las nalgas para que me pegara.

—¿Qué haces?

La tormenta seguía rugiendo, como escondiéndonos del mundo.

—Esto es lo que mereces —dijo.

Y comenzó a darme palmadas en las nalgas.

—Ten por atrevido.

Los golpes eran fuertes, calentaban. Por un momento sentí que estábamos jugando bajo la carpa del ya lejano país lejano. De pronto me mordió una nalga, luego se alzó la blusa y acarició mi mano con sus pechos, los pezones me miraron a los ojos, luego subió la falda y su almohadilla me besó los labios; comenzó la danza: torpeza, miedo, ganas de ambos, la intemperie adentro, relámpagos, gritos, la palabra dios, los madrazos, el cielo.

Luego el silencio incrédulo de la dicha mayor.

—También es mi primera vez: la primera que estoy con alguien que lo hace por primera vez —susurró Laila.

Entendí lo de "el doblez es una manera de avanzar": los amantes se doblan para escuchar el redoble de su sangre.

Desde ese día creí que era hombre. Antes de entrarse, Laila, chuzándome con el dedo, dijo:

—Por el bien de ambos espero que sepas guardar se-cre-tos.

Cesó la tormenta, escampó y se fue.

Pensé en las monedas que aguardan en el fondo de la fuente a que se cumpla un deseo que no conocen. Había temido morir antes de tener mi mayor deseo cumplido.

Tenía quince años. Tres meses después de aquel día escribí en el diario: "El sexo es un vicio poderoso. Lo secreto es adictivo".

Laila me disfrutaba. Yo me dejaba, fascinado por la locura que le producía y por la excitación que esa locura me proporcionaba. La venganza es dulce, incluso para el arma que se utiliza.

Después de las refriegas amorosas siempre decía lo mismo:

—No te enamores de mí.

Cerca del taller de artes gráficas en donde trabajaba quedaba El Chorrito Musical. En la calle diecinueve con tercera.

Los viernes Laila dejaba a los niños con la abuela. Cuando yo salía de la imprenta nos encontrábamos allí. Era una casa antigua con muros altos, un lugar discreto. Escuchábamos a don Beni Moré, a Celia, a Rolando Laserie, a Ismael Rivera hasta que "salía el sol y nos dábamos al merequetengue de mamey". Laila sabía caminar sobre la música, ritmo hecho cuerpo, su piel leía y, en traducción simultánea, comentaba lo que escuchábamos, sonido en la carne. Si era Ricardo Rey, el sonido y la furia nos ponía a sudar enloquecidos de vida. Una noche, en plena pista, Laila comentó:

—Cuando uno se sabe la canción, la primera nota te saca a bailar, no hay que seguirla, la canción vive en la memoria del cuerpo.

Un domingo en el club de ajedrez, al que su dueño Enrique llamaba pomposamente "Academia García", vi entrar a Clemente. Vino a la mesa donde el maestro Víctor Saavedra me acababa de revelar el lema de la Federación Internacional de Ajedrez: *Gens Una Sumus*, que traduce: "Somos una Familia".

La vida era feliz, aunque alcanzaba a darme cuenta de que esa felicidad era frágil. Por ello la vivía plenamente. En esos días leí que muchas de las estrellas que vemos brillar ya se han apagado, que lo que vemos es el último destello viajando por el universo, una huella, un suspiro de luz que se extingue a medida que avanza. La semana que lo leí, cuando me encontré con Laila en El Chorrito Musical, aprovechó la serenidad de *Sofrito* y me dio la noticia:

—Clemente va a volver, se ha separado de la alumna, vamos a rehacer nuestra familia. —Me abrazó. Me acarició la cabeza como si fuera un niño perdido, miraba con tristeza, luego dijo—: Fue un gusto, José, no te olvidaré. Lo nuestro fue lindo, pero hoy será la última vez.

El "fue" estalló en mi conciencia como una alucinación, psicodelia que convirtió el presente en pasado, así, sin más. Esa noche pensé que lo sublime era lo provisional y la vida se me antojó un tren y las estaciones, instantes de los que suben y bajan personas a nuestras vidas.

Estaba muy agradecido como para sentirme utilizado; había aprendido y gozado tanto que la sentía como un bien inolvidable que llevaría conmigo, como decían los cuentos, "por siempre jamás". Pensé: "Él deja peón en el aire y recupera pieza". La acompañé hasta la casa. En la verja del antejardín giró sobre sus pies aéreos y se entró a "rehacer" su familia.

Laila, nombre para tararear, canción que se canta por soledades. Eres sol después de la lluvia. Claridad limpia. Pugnan el silencio y tu voz, la soledad y la algarabía de tu dicha. Reaparece el recuerdo de tu mirada poderosa, de tu sonrisa que la atenúa, ven, ven, Laila, baila conmigo.

Ocurrió que ya nunca pude recuperarme de tanto placer. Haber vivido con tanta intensidad y gozado tanto me hizo buscar más, como el que se aficiona a la delicia de un manjar.

Copié en el diario el comienzo de *Temblor de cielo*, de Huidobro: "Ante todo hay que saber cuántas veces debemos huir de sexo en sexo hasta el fin de la tierra".

Lo último que hizo Laila por mí fue que dejó en el club de ajedrez un texto sobre la educación, la autora era la filósofa Hannah Arendt:

La educación es el punto en el que decidimos si amamos al mundo lo suficiente como para asumir una responsabilidad por él y así salvarlo de la ruina que, de no ser por la renovación, de no ser por la llegada de los nuevos y los jóvenes, sería inevitable. También mediante la educación decidimos si amamos a nuestros hijos lo bastante como para no arrojarlos de nuestro mundo y librarlos a sus propios recursos, ni quitarles de la mano la oportunidad de emprender algo nuevo, algo que nosotros no imaginamos lo suficiente como para prepararlos con tiempo para la tarea de renovar un mundo común.

Lo envié a papá.

19

Entré a un club de lectura, allí conocí al propietario de una farmacia del barrio Calima. Fabio se llamaba. Por esos días estaba durmiendo en casa de un amigo. Escuché en la imprenta un refrán sobre los huéspedes, hablaba de la dicha que producen cuando se van; sentí que ya era suficiente, que debía irme. Traté de conseguir una habitación en el centro, pero las dos que intenté eran huecos deprimentes.

Fabio ofreció su droguería, no lo pensé mucho y desde esa semana dormí en la camilla de inyectología de la farmacia Eurodrogas. Era estrecha; para voltearse había que ser malabarista. Me gustaba el olor de los medicamentos, olían al enigma de la química, de la salud guardada en cápsulas, en ampollas líquidas, en ungüentos milagrosos. Leí el vademécum, aprendí sobre la utilidad de los fármacos y sobre enfermedades. Los farmaceutas de barrio son una especie de médicos-adivinos-psicólogos, prescriben y casi siempre aciertan. Aunque la verdad, a decir del vendedor de Tecnoquímicas que nos visitaba, es que:

—La enfermedad sólo tiene dos caminos: la salud o la muerte. Y en el noventa y cinco por ciento de los casos el propio cuerpo se sana a sí mismo. Las drogas son casi siempre placebos. Pero de algo hay que vivir.

—Deje de estar diciendo lo que no debe decir —le reclamó Fabio en tono de regaño.

Soñé que mientras dormía en aquella camilla me inoculaban una protección. Era mi abuelo el que lo hacía.

En las noches, el vigilante del barrio pasaba cada hora, llevaba amarrado a la barra de su bicicleta un radio Sanyo que dejaba oír trozos de canciones… *Hay una cosa muy negra en tu vivir/ Que roba lo que ya fue mío/ Tu amor, tus dichas, tus besos / Tu encendido corazón…* y a lo lejos hacía sonar su pito, arrullo sereno para ahuyentar ladrones inexistentes y justificar la paga.

Trabajé de mensajero los fines de semana llevando medicinas a domicilio. Calima es un barrio construido por el Instituto de Crédito Territorial; sus casas eran como las que pintan los niños: una puerta y dos ventanas, de una sola planta con antejardín y patio. En ellas vivían obreros de las fábricas cercanas: Palmolive, Warner Lamber, Fruco, Pastas La Muñeca, también las habitaban profesores del colegio INEM. Aprendí a poner inyecciones. A veces, en la madrugada, sonaba el teléfono y me tocaba salir a llevar alguna medicina urgente o a poner una inyección.

—Tiene buena mano —dijo una vez una profesora que se inyectaba hormonas para planificar. Su casa era un santuario lleno de fotos de mujeres que habían sido pioneras de la liberación femenina. Incluso tenía una que había visto en casa, era de Simone de Beauvoir y Jean-Paul Sartre, aunque la profesora había cortado a Sartre. Una noche llamó, pidió que le llevara un botellín de aceite de almendras. Cuando abrió, vi que estaba cubierta con una toalla.

—Entre la cicla —dijo con picardía.

Me ofreció cerveza. Preguntó por mis padres, por mis hermanos, no supe responder. No sabía nada.

—Eres un huérfano con los padres vivos —afirmó, como si eso fuera algo corriente.

Después de la cerveza dijo:

—Ahora sí a lo que vino —y se tendió en el sofá. Pidió que le hiciera un masaje; habló de dolores en la espalda. Traté de hacerlo. A la mitad del trabajo ella cambió la dirección de mis manos y el masaje tomó otro rumbo.

Escribí en el diario: "En la farmacia donde vivo y trabajo no todas las llamadas son para lo que son, ni lo que llevas es para lo que es". "En este oficio también hay celadas, como en las aperturas de ajedrez".

Dormir al borde del abismo produce vértigo y un sueño liviano que va minando la lucidez. Entonces conseguí una pieza a la vuelta de la droguería en casa de una viuda. María Luisa alquilaba las cuatro habitaciones y dormía en la sala. Había establecido unas normas para los inquilinos que incluían horario de entrada hasta las once y media de la noche, después echaba cerrojo y a las cinco y media de la mañana lo quitaba. No le abría a nadie después ni antes de esas horas. Estaba esperando hacía muchos años que le saliera una pensión, pero la historia laboral del esposo estaba perdida.

—¿Cómo le parece? Quince años de trabajo perdidos por cuenta de una empresa que se llama La Garantía.

Era conversadora, cariñosa y estricta. Conocía la vida de sus inquilinos y de vez en cuando preguntaba: "¿Ha vuelto a saber de su papá?" o "¿Cuándo va a buscar a su mamá?".

Un domingo por la tarde llegó un camionero con una muchacha de quince años, venía de una vereda en el Páramo de las Hermosas, traía la timidez de la altura en sus mejillas, los ojos luminosos por inocentes. El camionero la había seducido dándole *palomitas* cuando recogía la leche en las fincas. Le propuso que se fuera con él; ella, envalentonada por la ilusión de conocer Cali, terminó viviendo en la habitación de al lado. El señor la visitó cada semana el primer mes, cada quince días el segundo y para el tercero no volvió. Se llamaba Eugenia, nos hicimos amigos. Todos en el inquilinato le teníamos cariño. Compré un reverbero de esos que tienen una espiral de alambre que se enrojece enroscada sobre un pedernal. Calculé que si hacía de comer me alcanzaría el dinero. Aprendí a hacer arroz, sopa de lentejas, ensayé los huevos fritos con arroz que hacía Catalina. Intenté tortas de atún, las coliflores apanadas que sabían a "muslo de pollo tierno", pastas todas, caldos, ensaladas de colores, en fin. El hambre es como el ají, mejora los sabores. Comencé a invitar a Eugenia a los condumios, sabía que no tenía un peso, que estaba abandonada a su suerte. Bajo el chiminango del parque, antes de la hora del cerrojo, nos sentábamos.

—¿Por qué lee tanto? —preguntó un día.

—Hay libros tan buenos que uno quiere quedarse a vivir en ellos. Es mejor estar adentro de sus páginas que aquí afuera.

—¿Cómo cuáles? —Le recomendé *Martin Eden* y *Las mil y una noches*. Pidió que le leyera; a ella nunca le habían leído. Comencé a leerle. Eugenia, dada a la ensoñación y a creer en todo lo que oía, pensó que el mundo era algo muy distinto a lo que conocía. Cuando le pregunté por el camionero, dijo:

—Seguro se fue por algún precipicio, o tal vez lo mataron por robarle la plata de la leche.

A las once nos entrábamos y seguíamos leyendo en mi cuarto.

—Con la puerta abierta, no vaya ser que piensen mal —dijo.

Le conté a Fabio que Eugenia no tenía con qué pagar, que estaba abandonada y que era de un páramo en la cumbre de la cordillera.

—Dígale que el domingo vamos y la llevamos.

Cuando se lo propuse, Eugenia lloró.

—No me van a recibir, papá me lo advirtió. —Me quedé mirando la poca luz de esa vida sin rumbo y mi deriva pareció nada comparada con la suya.

Le presté un libro de poesía, se pasaba el día leyendo. En las noches quería que le leyera lo que ella había leído.

—Es que a usted se le oye distinto, es como otro poema cuando usted lee.

Me fui encariñando, un sábado iba para el baño y encontré en los alambres mis tres camisas recién lavadas. Pregunté a María Luisa, la dueña de casa:

—Su mujer se las lavó.

—¿Mi mujer?, ¡yo no tengo mujer!

—Pero puede tener, es una buena muchacha, si usted le da el lado, puedo alquilar la pieza de ella. Lleva tres meses sin pagar y no tengo corazón para echarla.

Un día las cosas de mi cuarto estaban ordenadas de manera distinta. Eugenia explicó:

—Lo hice porque me nació, pero si le molesta no lo volveré a hacer.

Una mañana pasé hacia el baño, desde la ventana la vi en cucos peinando una muñeca. Había algo japonés en esa imagen. Abstraída en su labor, su belleza estaba fuera de cualquier cálculo, fuera de su conciencia. Belleza ignorante de sí.

Me estaba preparando para un torneo y tenía que ir a la liga de ajedrez. Quedaba al otro extremo de la ciudad. Azul Plateada ruta 4 hasta el Paseo Bolívar, luego Verde Bretaña ruta 1. Preguntó si me podía acompañar, no había podido conocer Cali y era por lo que se había venido.

—Es que sólo conozco a Cali por radio —dijo suplicante.

Nos fuimos en el Azul Plateada. Por el camino le iba contando la ciudad. Las flores de los guayacanes, las acacias y los gualandayes daban color a las calles, a los andenes. El viento movía todo: follajes, cabellos, ropas, el agua de las fuentes, los pájaros movidos por la fiesta del aire. Algún papel volaba lejísimos de la mano que lo había perdido.

—Aunque hablen mal de él, yo no lo culpo —dijo Eugenia.

—¿De quién?

—Del señor que me trajo.

—Tres meses me rogó y yo no le di lo que él quería. No me obligó. Respetó que yo no quería. Me dijo que me llevaría a mi casa y le dije que no.

Le mostré el río Cali.

—Qué miedo esas casas tan altas.

—Son edificios.

—Me vine con él para ver este mundo que sólo conocía por las noticias, y por las transmisiones de la Feria de Cali, los reinados y los partidos de fútbol. Soy hincha del América.

Le mostré las piscinas donde aprendí a nadar, cuando vio el estadio Pascual Guerrero se quedó muda de admiración. Bajamos por la Avenida de los Mangos, Eugenia señaló una mariquita roja con lunares negros que se había posado en su vestido.

—Es de buena suerte, pide un deseo y no me lo digas.

Seguimos hacia las Canchas Panamericanas y llegamos a la liga de ajedrez. Me esperó tres horas leyendo. Los amigos se le arrimaron, hicieron chistecitos baratos, ella los miraba con una dignidad que los hacía callar. Al regreso, el viento movía las luces de la noche. Eugenia se veía alegre, segura.

—He leído el Baño de Sett Zobeida en *Las mil y una noches*, quiero que tú me lo leas.

Cuando llegamos a la casa comimos arroz con atún y tomate, bebimos limonada, todo sabía muy bien, sentí la comunión perdida de cenar en familia. Entonces leí:

El califa, que la había visto encaminarse al estanque, la siguió sigilosamente, y amortiguando sus pisadas, llegó cuando ella estaba ya desnuda. A través de las hojas, se puso a observar y admirar la desnudez de su esposa, blanca sobre el agua. Como tenía la mano apoyada en una rama, la rama rechinó de pronto, y Sett Zobeida…

En este momento de su narración, Schehrazada vio aparecer la mañana y se calló discretamente.

—Me gusta que me lees como hablando en secreto, es como si sólo lo hicieras para mí.

—Es para que no nos oigan, para no molestar a los vecinos.

Esa noche Eugenia se quedó dormida en mi cama, tuve que ir a dormir a la suya. Enroque corto. Cuando desperté, ella estaba haciendo huevos revueltos en mi reverbero.

—Quiero que me lleves a un río, para que me veas como el califa a Zobeida —dijo.

Fuimos a Pance en un Blanco y Negro Ruta 1. Sobre una piedra inmensa Eugenia se desnudó. Su cuerpo, cogollo tierno, manguito pintón su sexo. Entramos al agua, las pieles arrozudas, nuestros pechos se tocaron. Todo iba bien hasta que preguntó:

—¿Qué deseo pediste?

—Clasificar para los juegos departamentales.

—¿Quieres tener hijos?

—Nunca voy a querer tener hijos —respondí y salí del río.

Tenía claro que un hijo es también una prisión. Sabía cuánto se sufren los hijos.

Ella siguió ofrendando su cuerpo al agua. Agua de las cumbres de los farallones. Aguas que la niebla crea en las noches, gotas de los musgos, de los líquenes que avanzan uniéndose a otras, creando hilos de agua, caudas, arroyos, quebradas hasta ser río. Eugenia sabía de aguas frías, de aguas altas. Se disfrutaron casi hasta la noche. Al regreso la llevé al barrio San Antonio para que viera la ciudad desde la colina, luego bajamos. Fuimos a las plazas del centro a ver las ceibas inmensas. Cuando llegamos a la casa, doña María Luisa ya había echado el cerrojo. Estábamos muertos de hambre. No teníamos ni una moneda.

En la avenida, al lado de la iglesia, había un gran parqueadero para tractomulas que servía a los camioneros cuando llegaban después de las horas de cargue y descargue. Conocía al vigilante pues lo había atendido en la droguería; alguna vez le llevé a domicilio preservativos y Cola Granulada JGB, "la del tarrito rojo". Siempre pagaba lo exacto y decía:

—Le debo la propina, mijo.

Sobre él se decía que dejaba entrar parejas a los camiones a cambio de lo que pudieran pagar. Le contamos la situación. Era un hombre grande y paternal, miraba a Eugenia con carnívoros escrutinios. Me llamó aparte y dijo con su voz ronca:

—Los puedo dejar dormir en un camión de tomate que va para Fruco; el chofer viene a las seis, los llamo a las cinco.

Nos condujo por un laberinto de camiones hasta el elegido, levantó la carpa trasera, nos subimos por la escalerita que formaban las compuertas. Gateamos de caja en caja hasta que llegamos al fondo. Entre las cajas y la carpa nos acomodamos. En la absoluta tiniebla comimos tomates. Abrazados por el olor de los frutos maduros, jugamos a imaginar lo que en ese momento estaba ocurriendo a nuestras familias y lo que estaría pasando a nuestros hermanos, hablamos del futuro, allí, tan nimios, tan poca cosa; sepultados bajo esa carpa en medio de millares de tomates rojos, hijos del sol. Jugamos a imaginar lo que sería el destino de esos tomates: cómo los recibirían en la fábrica, cómo los molerían y cómo sería la olla gigantesca en la cual se volverían la salsa de tomate, cómo los meterían a las botellitas, y como llegarían a las tiendas, a las mesas, a las hamburguesas, a los perros calientes y al arroz. Estábamos tan cerca que nos respirábamos nuestros alientos, el de ella: frailejón y tomate.

Al otro día cuando llegamos, doña María Luisa dijo:

—Eso me gusta: que me respeten la casa.

Esa semana Fabio contó que el párroco de Calima era amigo del de Barragán, y que estaba averiguando por los parientes de Eugenia.

—El lunes en la noche el padre nos tiene noticias.

—Son amigos, compañeros del seminario.

El cura era un gordito blanco rollizo, tenía ese color de la sangre superficial que en los libros llaman rubicundo. Nos hizo sentar, anunció con solemnidad:

—Jaramillo habló con los padres de Eugenia y ellos la esperan con todo y criatura.

—¿Cuál criatura? ¿De qué hablan?

—Del bebé que está esperando del camionero.

—¿Cómo se les ocurre? Él nunca me tocó.

—Entonces con mayor razón te reciben. Pero no puedes volver a volarte. Dicen que al señor que te trajo lo están buscando tus hermanos y que está huyendo.

Lleno de júbilo quise chocar las manos con Eugenia, ella me miró reprochando. No extendió la suya. Ya en el parque habló:

—¿Estás feliz porque me voy?

—Vas a estar con tus papás.

—Yo no quiero. No quiero volver a esa montaña a ver neblina y aguantar frío. Quiero estar aquí. Me gusta Cali. Quiero que me leas.

Hablé con Fabio y le pedí que la llevara él, que me iría a jugar un torneo.

Cuando regresé no se había ido. Sentí el amor de Eugenia como un fardo, algo que no podía corresponder. Sin embargo, la invité a cine, vimos *Zorba el griego*; después fuimos a la fuente de soda Mónaco. Sonaron canciones de Roberto Carlos, los Rolling Stones, Elvis, Leonardo Fabio… tomábamos Póker y Tamarindo Lux; dijo que tenía que aprender a montar en bicicleta y a poner inyecciones. Le presté la cicla y le ofrecí mi nalga para que aprendiera.

—Divides la nalga en cuatro, pones la inyección en el centro de la parte superior externa: aquí.

—Qué nalgas tan bonitas, tan duras —dijo.

Chuzó en tres tiempos y aplicó las vitaminas más dolorosas de la vida. Ese viernes nos dimos un beso largo y acuoso con tonos cachorros y un final de boca acidulce. Le conté que me iba del barrio.

—No es del barrio que te vas, te da miedo el amor que te tengo.

Lloró sin lágrimas, prometió que me amaría siempre, dijo un verso: "Pensé que el paraíso estaba en la habitación de al lado". Esa noche escribí: "Perdí una dama, podía perderme".

Recordé un poema de Jacques Prévert y lo copié en la libreta:

> *Tres fósforos encendidos uno tras otros en la noche.*
> *El primero para ver tu cuerpo entero*
> *El segundo para ver tus ojos*
> *El tercero para ver tu boca*
> *Y la oscuridad para recordarlo todo.*

Me fui a vivir al centro. Le dejé los poemas de Emily Dickinson y el reverbero. No la vi más. Unos meses después, Fabio contó que había entrado a estudiar para enfermera a la universidad. Y que ya no vivía en el barrio.

20

Entonces conocí la oscuridad. La noche de Cali. A la academia de ajedrez, que quedaba en la Calle del Pecado, llegaban los seres de la noche. Gente que vivía en edificios que alguna vez fueron casas que volvieron apartamentos y luego mutaron a bodegas, a locales, a hoteluchos de paso o de urgencia, que algunos convierten, primero en su circunstancia y, finalmente, en su hogar. Viejos jubilados, parejas tardías, ludópatas nocturnos, seres anónimos persisten en esos edificios. El fragor de la vida comercial no les permite vivir de día cuando la horda humana transforma el centro en un enjambre imposible. Entonces esperan a que la efervescente actividad cese. Cuando el comercio ha pasado los cerrojos, puesto los candados, y los vendedores ambulantes y todo lo ambulante se ha ido, el centro es un lugar posible. Primero suben de La Olla los recicladores llevándose como una marea alta y oscura los desechos del día. Luego salen las prostitutas de calle, los travestis —más atractivas que las prostitutas—, los jugadores de bingo, vendedoras de tinto, apartamenteros. Pasan taxistas de turno largo, fotógrafos de crímenes del periódico *El Caleño*: sangre fresca-tinta roja, despacio va la patrulla con la pereza adentro. Parpadean las lumbres de los fumadores. Alguien atraviesa la calle en diagonal, casi invisible, ave rapaz, veloz como un zarpazo. Al fin, en la noche, hay profundidad de campo. Una mujer con delantal blanco inmaculado vende albóndigas en una esquina. Delicias nocturnas. Salsa de la madurez de los tomates y aroma de la carne redondeada en la oquedad de sus manos, tiñendo de sabor al arroz, facilidad, felicidad. Salen los que viven escondidos del bullicio diurno a caminar su barrio antes de que el sol se lo quite y lo vuelva un caos insufrible de ruido y trajines.

Una noche en la academia conocí a Liliana. Venía de Nariño de una vereda en el volcán Galeras, tenía la dignidad de la ingenuidad. Iba por la vida como si nada pudiera ocurrirle. Allí en la noche de las hienas parecía inmune y esa inmunidad me contagiaba. Contó que su padre y su abuelo vivían del trigo. Tenían un molino. Había pasado su niñez corriendo por el campo entre las espigas. Su madre le enseñó a hacer helados con la nieve del nevado, moras silvestres y miel de abejas. El abuelo se había establecido en la parte oculta del nevado. Había llegado allí huyendo de algo oscuro que era el secreto de la familia. Secreto que se llevó a la tumba y que reveló su tumba. Cuando Liliana lo descubrió también tuvo que huir.

Un mes después del funeral del abuelo, Liliana fue a visitar la sepultura y encontró grabada sobre el mármol una cruz gamada. Luego de algunas conjeturas y tres preguntas a su madre supo casi la verdad. Tres semanas después de aquel descubrimiento, llegó un vecino a decirles que unos extranjeros los estaban buscando. Que uno de ellos tenía la estrella de David en un anillo y que el papá había tenido que huir. Liliana contó que su madre se había angustiado mucho. Le explicó que se tenían que separar. Le entregó unas joyas de la familia, un dinero, una dirección en Cali y un nombre. Le aseguró que allí le darían alojamiento hasta que todo estuviera tranquilo y se pudieran volver a reunir. Que ella la buscaría. La llevó a la terminal de buses de Pasto; se abrazaron, lloraron unos minutos.

En la mitad del camino a Cali, unos policías requisaron el bus y le robaron las joyas. Para robárselas le dijeron que esas joyas eran robadas. "El dinero no lo vieron pues lo tenía en mi intimidad". Llegó a la dirección de Cali y allí le comunicaron que el señor Klaus se había ido esa misma mañana, que le había dejado su habitación paga. Era un hotel sin aviso, en un edificio sin nombre en la calle catorce con séptima. Una calle imposible. La habitación estaba en la parte trasera. Tenía una ventana que daba a un muro. Liliana esperó al señor Klaus y empezó a sacar de su intimidad, poco a poco, billete a billete, el dinero, lo alargó lo que más pudo, pero se acabó. Fue entonces cuando llegó a la academia a jugar ajedrez. Su padre había sido un jugador fino y le había enseñado. Era una jugadora arriesgada, jugaba aperturas abiertas. Se ganó un torneo en la categoría femenina. El primer dinero ganado en su vida. Desde aquel triunfo comenzó a frecuentarnos en la academia y en la liga. Le presenté a Víctor Saavedra, a Gonzalo Jaramillo y a Marcos Silva, jugadores de primera que habían sido campeones departamentales y que jugaban los campeonatos nacionales. Marcos Silva era de Buga, había ido a dos Olimpiadas mundiales representando a Colombia y además tenía el récord nacional de simultáneas a ciegas enfrentando nueve tableros. Jugaba con los ojos vendados. Un árbitro le decía lo que jugaba cada uno de sus rivales usando la nomenclatura descriptiva. Así: tablero número uno, peón cuatro rey; tablero número dos, caballo tres alfil rey... debía recordar cada posición y responder, vendado y de espaldas. A Silva le gustaba el peligro. Era de aquellos que se fascinan al borde de los abismos. Alguien contó que en una funeraria por el Cementerio Central jugaban a la ruleta rusa el último martes de cada mes. Y que Marcos Silva había jugado tres veces. Contaban también que era inmune al mal. En las noches se iba a caminar por el barrio El Calvario y los malandros se cambiaban de acera cuando lo veían avanzar con su seguridad sobrenatural, como si fuera dueño del presente y del futuro.

En el club de ajedrez había dos salones reservados a unos señores que vestían guayaberas de lino y camisas de seda; dueños de almacenes de telas en el centro, rentistas, o negociantes, algunos árabes, otros judíos, les decíamos "la antigua Persia". Sus choferes los dejaban en la puerta del club. Nosotros escuchábamos hasta altas horas de la madrugada el sonido plástico de las fichas, el ir y venir de las apuestas, "la música del azar". El póquer y el king eran lo suyo. Había uno que llegaba en un Jaguar Rolls Royce blanco. Su chofer se quedaba en el auto esperándolo, a veces toda la noche. Le decían don Miro. Miro solía salir a fumar habanos a la calle. Tenía un tic muy notorio: movía la cabeza como el león de la Metro Golden Meyer, pero sin el rugido. Era amable, sonreía y miraba todo, parecía agradado por estar en un lugar impropio. Una noche, cuando salía a fumar, vio a Marcos jugando a ciegas contra Enrique, el dueño del club. La partida estaba en el medio juego, don Miro se quedó muy sorprendido al ver aquel duelo. De pronto dijo:

—Apuesto a Enrique doble a sencillo —el tono era desafiante.

Al final de un largo silencio Marcos puso sus condiciones:

—Apuesto así: si gana Enrique, pago diez mil. Si gano yo, nos hace llevar en su carro a nuestras casas.

—Pago por ver —dijo Miro mientras giraba su cabeza como el león de la Metro.

—Yo, por no ver —respondió Marcos.

Una hora después anunció mate en dos. Don Miro, muy impresionado, felicitó al ganador y llamó al chofer, le pidió que nos llevara. Marcos disfrutaba, reía con su honda y grave voz de contrabajo. Nos montamos en el Jaguar blanco, joya extraviada en plena Calle del Pecado. En el interior sentí que merecíamos esa elegancia, nuestros modos se hicieron refinados, el carro subió por la décima hacia el sur. En la esquina de la cuarta se detuvo en el semáforo. Como una aparición se arrimó a la ventanilla de Marcos alguien a quien llamó "la Niña", acto seguido, abrió la puerta y se corrió hacia el centro, me tocó cargar a Liliana; la Niña entró; el chofer trató de protestar, pero Marcos, como si fuera el dueño del carro, ordenó:

—Continúe, señor.

Dejamos a Víctor en Santa Librada; la Niña, muy emocionada, miraba y asentía. Luego comenzó a llorar, era un llanto triste.

—¿Por qué lloras? —le preguntó Marcos.

—Es que hoy es el cumpleaños de Lucy, la dueña de El Coche Rojo, si yo llegara en este carro a la fiesta sería la mujer más feliz del mundo. Pero son fantasías. Como todo lo mío.

—Señor conductor, ya escuchó a la Niña, hay que llevarla a su fiesta.

Frente a la puerta del prostíbulo había una alfombra roja y, en el umbral, doña Lucy Agudelo, emperifollada y sonriente, recibía a sus invitados. Las luces de neón de El Coche Rojo parpadeaban: se encendía el artículo El, se apagaba y daba lugar al sustantivo Coche y luego el adjetivo se estremecía como en un éxtasis de placer. Marcos le dijo al chofer que le abriera la puerta a la Niña. Ella bajó muy altiva, nos envió besos de reina en carnaval. Desde la alfombra roja le gritó a Marcos:

—Amor, esta noche no me esperes.

Cuando me dejaron, Marcos todavía reía con su carcajada del más allá. Desde la calle vi cómo pasó su brazo sobre la espalda de Liliana, y el Jaguar blanco se perdió en la oscuridad.

Liliana y Marcos se volvieron amigos, o más que amigos. Supe qué es estar enamorado de la novia de otro. Tiene sus ventajas: no tener que planear, ni prometer, gozar sin tocar, desear sólo una sonrisa y que sea suficiente. Liliana contó algunas cosas de Marcos, de su pasado y de su presente: dijo que lo único que incomodaba a Marcos era la ternura, y que le había confesado que era casado en Suiza. También contó que durante la Olimpiada mundial de Niza, en 1974, perdió una partida completamente ganada y que en pleno salón de juego le dio un ataque de risa estruendoso e incontrolable; una muchacha que estaba en primera fila se le acercó y le preguntó por qué había perdido la partida, si estaba ganada, y que Marcos le respondió: "La medalla de plata es la que hace a la de oro y la de bronce a la de plata". Y que saber eso lo llevaba a tomar decisiones que iban contra la lógica obvia de ganar o perder; que él jugaba de otras maneras.

Cuando Marcos se cansó de los desafíos al peligro y de la noche caleña abandonó el ajedrez a ciegas y se fue a vivir a Suiza. Una vez nos envió una máquina. Se llamaba Chess Master. Hasta el nivel ocho era más o menos fácil ganarle, pero del nueve al doce la computadora se volvía una jugadora poderosa. Conversamos sobre aquello. Imaginamos una máquina que siempre ganara, eso nos produjo una gran desolación. Después de varias noches ronroneando sobre aquel enigma concluimos que la búsqueda de la perfección arruinaría lo humano. Que si las máquinas de ajedrez no cometen errores, el ajedrez pierde su gracia, que las partidas de ajedrez sin errores son aburridas, que el error es algo que nos pertenece. Que cuando un gran intérprete de jazz desafina en una improvisación eso es lo que le da el sabor, lo que hace que el jazz sea lo que es. Que también lo demasiado bello pierde su encanto, por eso pusieron aquel lunar en el rostro de Marilyn Monroe. Y que algún día extrañaremos los errores, sentiremos nostalgia de una época en la cual nos equivocábamos a menudo. Y lo más importante: que la belleza es imperfección. Como el conejo de la luna.

Marcos se jubiló en la empresa de correos de Ginebra, justo antes de que internet acabara con el esplendor del oficio. Aún recuerdo la última vez que los vi. Fue después de la fiesta de clausura de un torneo, estábamos en esa hora en la que el azul insípido del día, azuzado por los cantos de los pájaros, deja entrever el fin de la noche. Cansados de la fiesta, excitados por lo consumido, hablábamos en el borde de un andén, expandíamos nuestro afecto con una fluidez, una sinceridad y una precisión que contrastaban con la torpeza de nuestros movimientos, de nuestros ademanes. En medio de esa dicha que el día estaba a punto de arruinar, Marcos comenzó a cantar: *Si porque vengo de lejos me niegas la luz del día, se me hace que a tu esperanza le pasó lo que a la mía, por andar en la vagancia perdí a un amor que tenía. Estrellita reluciente de la nube colorada...*

Y de la nada apareció el señor Klaus, tendió la mano a Liliana y se la llevó. Marcos fue tras ellos. Nos quedamos mirando cómo se iban entre la última oscuridad. Sin volverse, Liliana levantó la mano, la movió como si limpiara un vidrio y la escuchamos gritar su adiós:

Gens Una Sumus.

21

El diario se convirtió en mi interlocutor. Espejo, balanza de la deriva. Minuta de pérdidas y ganancias. Sin método ni disciplina recurrí a sus páginas para consignar lo vivido. No era un diario; aunque, a mi parecer, lo que vivía no merecía la tinta, ocasionalmente escribía. En la soledad de aquel tiempo de vez en cuando releía un párrafo, una página, buscaba lo que había anotado, leerlo era una aventura salpicada de revelaciones, una conversación en la que me miraba a los ojos. El diario era mi familia.

Abro páginas al azar:

En la palabra, nace, crece, se cuece el niño. En la palabra; no en el grito. La palabra roza el borde del juguete estropeado, se astilla con el cristal roto, la misma mano que lanzó la piedra sana a la pajarita herida. La palabra que acompaña la travesura, el accidente, el robo del chocolate, es la que lo hará ir o huir, ser oscuro, clandestino. Ser de la noche. O le permitirá ser del día. Cantar bajo el sol, sin sombras, aún en la sombra.

En otra libreta:

Palabras que son música y movimiento: ulular, zigzagueante, tejemaneje, parsimonia, zozobra, tremolar, vaivén, trastabillar. Palabras que contienen color, olor y sabor: tamarindo, zapote. También: mortecina, cal, azufre.

Palabras que son su propio sonido: cucú, tacones, tamborilear, tableteo, algarabía, traste, tictac, tictac.

La lluvia es luz cernida. Opacidad. Llueve y la luz no puede llegar. La música del aire acude a sus instrumentos: los árboles, las espigas, la hierba. Tremolar de la ropa en los alambres.

24 de diciembre de 1977, otra Navidad sin familia.

Por la tarde estuve en la biblioteca pública y escuché esta conversación:

—Profe, ¿cuánto es un año?

—Doce meses.

—¿Y un mes?

—Treinta días.

—¿Y un día?

—Veinticuatro horas.

—¿Y una hora?

—Sesenta minutos.

—¿Y un minuto?

—Sesenta segundos.

—¿Y qué es un segundo, profe?

—Es el tiempo que te demoras en decir tun.

—Profe, ¿el corazón es el que hace el tiempo?

Entré a un club de lectura. Lo conducía una mujer que leía con voz serena, y una claridad contagiosa. Pausaba cada oración. La perfecta dentadura ayudaba al timbre de las palabras. A mitad de la lectura nos ofrecía a otros lectores el texto que venía leyendo. Una tarde leíamos *La cabaretera,* un cuento de John Cheever. A mitad de la lectura me cedió el cuento para que continuara. Antes del final, me interrumpió:

—Aprecio que te emociones tanto con lo que lees, pero debes controlar la emoción, no del todo, deja que tu emoción impregne la lectura sin dejar que se dañe la calidad del audio.

—¿Audio?

—Sí. Cuando leas en voz alta debes pensar que estás frente a un micrófono y que te están grabando.

Me pidió el libro y terminó de leer el cuento. Al final, ya cuando nos marchábamos, me llamó aparte:

—Ya sabes respirar con el texto y por eso no se oye tanto tu respiración. Respiras con las oraciones que lees. Pero debes hacerlo mejor. Como las palabras surgen de tu boca, respira por la boca. Para mejorar la capacidad de regular el aire harás lo siguiente: enciende una vela, la colocas a la altura de tu boca y te paras frente a ella a unos cincuenta centímetros. Inhalas y luego soplas lentamente la llama sin que se apague. Trata de que ese soplo sea largo y sostenido y que el caudal de aire sea regular como en el falsete de una canción mexicana.

—¿Una canción mexicana?

—Sí, cucurrucucúúúúúú…

—Ya.

—Hay dos cosas más que debes tratar de mejorar: el seseo y la salivación. Para no salivar toma agua antes de empezar la lectura, enjuaga la boca y trágate el agua. No se puede dejar que la cantinela de la salivación contamine la lectura. En cuanto al seseo, hay que tener conciencia de que la ese es una letra y no el siseo del viento.

Así pasó un año de lecturas en voz alta en el que disfrutamos la música de los textos en la voz, en la sangre y en la emoción de los lectores. Supe que leer también es cantar.

Por aquella época comencé a tener sueños recurrentes, fantasías ferroviarias: era ayudante de trenes de carga, vendedor de relojes en estaciones de tren, saltaba de un vagón a otro y de una época a otra, veía a la abuela bailar y a un canario que sabía todo y cantaba para disimular. En otro vagón iban desnudos los pasajeros posando para un fotógrafo, el último vagón era una conejera iluminada y silenciosa como un acuario.

22

Conocí a Luis, jugador con más ganas que talento. Llegaba en su camión Ford 300 a jugar los torneos de fin de semana. Le pregunté si podía ayudar algún día en el camión con las mudanzas. Para entonces había vivido en catorce casas: las primeras cinco fueron las únicas en las que no ayudé por razones de edad y de fuerza menor. A partir de los seis años me gradué de ayudante. Recuerdo la inmensa biblioteca y la rudeza de empacar y desempacar. Los libros son pesados. Luego supe que los leídos se alivianan con el afecto que se les tiene. Esa era mi única experiencia laboral. Se lo comenté a Luis cuando preguntó si había hecho ese trabajo.

Nos parqueábamos en la novena con novena a esperar a que alguien nos buscara. Allí, una fila de camiones de todos los tamaños y marcas, desde un Ford 48 hasta un Dodge 600 modelo 1976 aguardaban su turno. Existían varias palabras para lo que hacíamos: acarreo, mudanza, trasteo, viaje, flete, coroteo, servicio, aventón, vuelta…

Todos los lunes viajábamos a Buenaventura a llevar guayabas y azúcar a una fábrica de bocadillos veleños de una santandereana grosera y encantadora que le movía el piso a Luis. Sabía atraerlo y rechazarlo con ingenio y coquetería irónica; siempre quedaba en el aire de su mutuo juego la sensación de que esa atracción no pasaría de allí y que ese era el secreto, el encanto.

—Si usted, mientras me trae las guayabas, me piensa, mejor quedan los bocadillos.

Luis se quedaba boquiabierto ante semejantes sutilezas.

—Pero eso sí, no me piense más de la cuenta, no vaya a ser que se salga de la carretera.

Una vez regresábamos de Buenaventura y nos varamos. Se dañó el carburador. Nos tocó dormir en el camión y esperar a que amaneciera para ir a buscar un mecánico. Luis se acomodó en la cabina, yo en el entablado de la carrocería del camión. Una cama más dura, pero más amplia y más cómoda. Me deslicé en el sueño, aún se sentía el olor de las guayabas. Estaba soñando con mis hermanos en el mar. Me despertó un cuchicheo, una conversación, era la voz de Luis que hablaba con alguien. Levanté la carpa para ver qué ocurría. El interlocutor de Luis estaba vestido de militar y le pedía que le alquilara el camión. Quería que los llevara a una vereda cercana. Luis le explicó que pasábamos la noche allí porque estábamos varados. Al otro lado de la carretera vi la sombra de otros soldados, la combustión de la calada de un cigarrillo llamó mis ojos hacia ellos. Todo estaba en silencio. Empezaron a caer unos goterones de lluvia. En segundos aquello fue un diluvio. El militar que hablaba con Luis subió a la cabina. Escuché su voz sobreponerse al ruido del agua y gritar: "¡Súbanse!". Quité una de las compuertas y comenzaron a subir los soldados. Conté ocho. Se acomodaron en las tablas del piso, cuatro a cada lado, yo me senté en la compuerta que había quitado. Nadie hablaba. Sentí el olor del barro de las botas. Los aguaceros en Cisneros apabullan, ensordecen, anegan, derrumban, crecen las quebradas, borran los caminos, los ríos salen de su cauce, destruyen la carrilera, se llevan la banca de la carretera. El aguacero era denso, el agua sobre la lona de la carpa producía un efecto resonante como si estuviéramos dentro del diapasón de una guitarra. La luz anulada. En la tiniebla pregunté casi gritando:

—¿De qué batallón son?

Silencio.

Después de una hora larga comenzó a menguar el aguacero, por los ojos de la costura de la carpa vi que clareaba. Enrollé la lona y, despacio, como en el revelado de una fotografía análoga, comenzaron a emerger de la tiniebla los soldados, primero sus siluetas luego sus facciones. Tres eran mujeres. Ojos felinos. No había escampado del todo cuando se escuchó una orden:

—¡Bajen!

Como accionados por un látigo se pusieron en pie y comenzaron a saltar con la premura del que obedece. Escuché el crac, crac de los fusiles. Algo de estampida había en aquella evacuación. Ni unas gracias siquiera. Nunca oí sus voces, no podría reconocer ninguno de aquellos rostros difusos. Cuando entraron al monte, Luis golpeó el techo de la cabina para llamarme.

Subí a mi puesto de ayudante.

—Guerrilleros —dijo.

—Y guerrilleras —respondí.

—¿Guerrilleras? ¿Cuántas había?

—Tres, de mi edad más o menos.

—Pobres muchachas, son del ELN.

—No hablaron ni una palabra.

—Nos salvamos de un viaje gratis, van para Anchicayá.

—Qué hambre.

—Ah bueno un tinto.

Esperamos a que acabara de amanecer. Pasó un camión, Luis le puso la mano y se fue a buscar un mecánico.

Cuando volvió eran las once de la mañana, trajo café y una arepa con queso. La dicha dentro de una bolsa de papel.

—¿Alguna novedad? —preguntó.

—Ninguna.

Después de purgar el carburador y de volverlo a montar se escuchó el estárter y la fórmula mágica: inyección, explosión y escape: música, la música del movimiento, ante el motor encendido, regocijados por su estruendo, Luis gritó: "¡Vámonos!". Alegría de seguir.

Cuando el mecánico recibió el pago y se pasó al otro lado de la carretera salió un muchacho del monte. Luis le dio una caja de bocadillos.

—¿Y eso? —pregunté.

—Un encargo: el peaje.

Imaginé a esas muchachas comiendo bocadillos veleños, sonriendo al fin.

Una hora más tarde, después de cruzar el último túnel, entró la señal del radio, trasmitían la vuelta a Colombia:

¿Tiene cuchillas Gillette para mañana? Recuerde que en el baño no las puede comprar... aquí va el cóndor de Los Andes, parado sobre su caballito de acero, al sol y al agua, escapado de sus perseguidores...Pero no, pero nooo, no te quedes ahí: ¡compra una Monark!, y recuerde que es industria colombiana...Cambio...Aquí recibo, mi querido Requetemacanudo, desde la carretera y en movimiento, ya comienza la montaña... Servicio social: saludos del corredor Plinio Casas a su señora madre que cumple años allá en Ráquira. En Duitama saludamos a los mensajeros de la Perfumería Yaneth, los que pedalean por la vida... Aviso especial para el señor Víctor López Rache, que salga a la llegada de la carrera, que lo quieren saludar... Haga el cambio... ya lo hice con Rimula... y recuerde, si no se lo han dado, pídalo: Aguardiente Cristal, el aguardiente que ilumina la noche.

Luis siempre hacía fuerza por el más fuerte: Rafael Antonio Niño, que ganó cuatro Vueltas seguidas. Yo tenía inclinación y debilidad por los equipos pequeños: Ciclo Mantilla, Castalia B, Ferretería Reina, y por los ciclistas que nunca ganaban pero que hacían locuras. Fugas de cien kilómetros, los que eran capaces de ataques largos y suicidas.

Una vez fuimos a ver la llegada de la Vuelta a Cali, nos subimos al techo del camión; la etapa era La Paila-Cali. Luis apostó a su ídolo, y cuando la "caravana multicolor" pasó, sentí una alegría superior, la fuerza alucinante de aquel enjambre de colores. No reconocí a ninguno de los ciclistas, pero sabía que allí iban Cochise, Pachón y Samacá, saberlo era suficiente. Ganó un ciclista que se llamaba Juan José Galeano Rúa. Me gané el almuerzo: una chuleta en El Apolo. Era tan grande que la carne desbordaba el plato-bandeja. En esa época la belleza de los platos consistía en su abundancia.

En el camión trasteábamos a recién casados, a recién divorciados, a personas que huían de sus familias, de sus deudas, de sus parejas. A los que montaban un negocio y a los que quebraban. A los que jugaban a ser cineastas y a los que fundaban iglesias en los barrios. Una vez durante el paro nacional nos contrató Fecode, transportamos profesores a las manifestaciones. Nos pinchamos tres veces. Las tachuelas de los propios manifestantes a los que apoyábamos nos pincharon. Ese día hubo diez muertos por la represión de las fuerzas del orden. Así se llamaban: "Fuerzas del orden".

El camión permitía enterarnos de la vida. El trabajo era extenuante, pero sentía al hacerlo la adrenalina de conocer la vida. La verdad verdadera de que hablaba mi abuela y que estaba fuera de los libros, en la calle, en el mundo. En ocasiones recibía regalos, casi siempre de parejas que se estaban separando. Cosas que no querían llevar consigo porque les traían recuerdos. Entonces me daban aquello que les lastimaba, como dijo una mujer: "Porque recordar lo bueno es lo peor". Así me hice a portarretratos, a una manta, a una dulzaina, a varias camisas, libros y casetes, y a una caja que contenía las claves de un amor malogrado. En mi habitación jugaba a imaginar los momentos que los regalos sugerían. Reconstruía la historia y los sentimientos que unieron e hicieron felices a esos seres que ahora sentían que aquello era algo que les hacía daño. Algo que mejor no tener. Alguna vez fue una mujer a buscarme para preguntar por las cosas que me había regalado. Quería que se las vendiera. Iba a volver con el esposo, yo tenía puesta una de las camisas. Le dije que algunas cosas las estaba usando y señalé la camisa. La mujer, poseída por una desesperación intempestiva, dijo:

—Vamos ya, ¿ha botado algo? En la caja de libros que le di creo que había unas cartas, ¿las ha visto?

—Sí, las leí. Se querían mucho.

—¿Dónde están?

—A los poemas que le dedicó les faltaban las comillas.

—¿Cómo así?

—Sí, son de poetas franceses, son traducciones. Si quiere mañana le traigo lo que me dio.

—Tiene que ser hoy.

—Estoy trabajando.

—Yo voy a su casa.

—Vivo en una pieza en el barrio San Cayetano.

Le di la dirección. Cuando llegué, a las siete de la noche, estaba en la puerta. Entramos a la habitación. Se puso a mirar mis altares: Fischer, Capote, Marilyn, Kafka, London, la abuela, mis hermanos, Catherine Deneuve, Epicuro. La frase secreta de León: "Hay puentes, atajos, pero las palabras son lo que tendrás cuando ya no haya nada". León había muerto hacía un año. Me miró sorprendida-admirada. Le mostré la caja. Se arrodilló y comenzó a sacar sobres; cuando llegó a las cartas las empezó a revisar, encontró las comillas y los nombres de los autores al final de cada poema.

—¿Y cómo lo sabe?

—Los leí de niño, en mi casa.

Me desabotoné la camisa para devolvérsela.

—No te la quites, la tenía guardada para dársela en su cumpleaños, le compraré otra.

Se llevó la caja, pagó muy bien por "cuidársela". Algo de amargura en su rostro me hizo saber que le había ensombrecido su reconciliación. Pensé en que no debía haberle dicho nada, ni poner los nombres de los autores, ni las comillas. Las mentiras también hacen la vida, dan alegría, construyen mundos. La verdad es áspera, ruda o insípida. Suele ser horrenda.

Luis sacaba el ajedrez apenas llegábamos; era la manera de esperar nuestro turno. Un día mientras jugábamos se acercó un señor grande con voz de pregonero. Era el dueño de un circo. Pidió trasladar, desde el barrio Meléndez hasta el barrio Floralia, su circo. Negociaron y al final de un largo regateo y con unas boletas para nosotros incluidas en el trato, hicimos el trasteo.

Llevamos la gran carpa azul salpicada de parches, las tablas de las graderías, el aviso de hojalata: Circo Roland, los cables y la bombillería. Una batería y un equipo de sonido, tres perros futbolistas, dos palomas, tres conejos blancos idénticos, ojos rojos (rojo relumbre). Y a la trapecista. Era una familia de siete artistas, los otros cinco estaban ya en Floralia esperando. En la carrocería, tumbado sobre la carpa recordé la nuestra, la del país lejano. Pensé que yo había sido parte de un circo pobre que viajaba mostrando sus monstruos, sus artistas: a los niños que no van a la escuela, pero saben poemas de memoria y son capaces de decirlos como si fueran milagros.

La muchacha se tomó el cabello con las dos manos, se lo cogió en una cola de caballo y, mientras lo hacía, las axilas cobraron vida ante mis ojos. Había una oscilación mullida, algo vivo, almohadillas cóncavas, convexas, rítmicas, algo de fruta sexual y a la vez raíz de sus alas.

Sentí que la carpa del camión era mi propia carpa de circo, la que permitiría verla alzar el vuelo y dejar ante mis ojos expuestas sus axilas. Pensé: "Se deberían llamar sexilas". La noche del sábado, cuando la vi en pleno vuelo en el trapecio, parecía volar y huir del amor. Aquello sugería que el amor era vértigo, péndulo, salto al vacío. Vacío sin red. Quedé fascinado con la función. En el espectáculo parecían trabajar muchísimos artistas, aunque eran solo siete, multiplicados por la precisión, por la velocidad que produce la destreza. Sobre una mesa, apareció dentro de una jaula una paloma blanca. Un chorro de luz cayó sobre su plumaje y la ofreció a nuestros ojos, nítida y nueva. El señor Roland, vestido de capa negra, con un movimiento flamenco de sus manos cubrió la jaula con una seda azul, hizo ademanes de concentración, pasó sus manos desplegadas sobre la jaula cubierta y luego de unos segundos en los que su rostro revelaba un esfuerzo inmenso, tomó la seda por el centro, se escuchó un redoble de tambores y ante el sonido concluyente de un platillo de la batería, se hizo silencio. El mago Roland levantó la tela y apareció, iluminado por el chorro de luz, un conejo blanco de ojos rojos; se escuchó el gran rumor del asombro colectivo que, dada su expresión de gozo, a los oídos del señor Roland era música.

Un mes más tarde, don Roland nos buscó. Quería llevar el circo a Medellín. El viaje duró un día completo. La esposa y los cuatro hijos hombres se iban en bus. Con nosotros, en el camión, además de los perros, las palomas, los conejos, la hija trapecista del señor Roland y el propio señor Roland, que en el circo tenía, entre otras funciones, las de payaso, amaestrador, mago, maestro de ceremonias, tramoyista, veterinario, cocinero, sobador, entrenador, lanzador de cuchillos, tragafuegos, publicista, agente, músico, técnico de sonido, de luces, coreógrafo, libretista, sobornador de funcionarios y policías y creador de una moneda: boleta Circo Roland, con la que trataba de pagar casi todo. Don Roland se fue adelante con Luis.

Atravesamos el Valle y paramos en el río La Vieja, allí nos bañamos, bañaron a los perros, vimos las balsas de guadua que bajaban desde el Quindío. Los bogas sobre la mercancía, la mercancía los llevaba. La trapecista voló por sobre el agua nadando en estilo mariposa, me recordó a Kornelia Ender. En la jaula iban los tres conejos blancos de pupilas encendidas. Para el señor Roland todos los seres vivos del circo eran artistas. Los sacó de la jaula y los dejó ir a su antojo. Olisquearon, comieron hierba fresca y volvieron a la jaula.

En la carretera, las montañas de la cordillera exigieron el motor hasta recalentarlo. Después bajamos a la vega del río Cauca, y el señor Roland —que en realidad se llamaba Arnulfo y que plagió, según contó su hija durante el viaje, el nombre de otro circo mucho menos pobre— tomó la jaula de las palomas, hizo parar el camión y las soltó al tiempo que decía:

—Hagan ejercicio, niñas.

Las palomas volaron, el camión reanudó la marcha. Nos siguieron, las buscábamos en el cielo, aparecían y desaparecían, piruetas, trazos blancos, se alejaban del camión, regresaban, volaban a nuestra altura un momento, luego se esfumaban. En medio de la alegría de esos vuelos la trapecista me tomó la mano, como tratando de ver en ella las señales de mi futuro, la besó, sentí vértigo, excitación de volar, de caer.

—Aquí se ve que su vida tiene tres partes muy definidas, la mejor va a ser la última.

Lo dijo con el tono y la naturalidad de quien dice una verdad irrefutable: sale el sol.

Coronamos el Alto de Minas y nos detuvimos a comer arepa de choclo. Ante un aplauso del señor Roland, las palomas descendieron y se posaron en el brazo extendido de su dueño. Les hizo un gesto y entraron a su jaula. Ya de noche llegamos a Medellín, me pareció que todo estaba agolpado y hundido. Después de dejar a la familia Roland en un lote de Itagüí fuimos a recoger al resto del elenco. La esposa del señor Roland era llanera, de Aguazul, Casanare, se llamaba Rosa, pero su nombre artístico era Madame Chanel. Era adivina, lectora de astros, payaso y la mujer que los hijos partían por la mitad con una sierra todas las noches. También era la taquillera, y la mujer vaquera que se exponía recostada y muy quieta en una tabla para que le lanzaran los cuchillos, luego, intacta, hacía una venia que quedaba a mitad de camino, y que, a mi parecer, sugería haber sido herida en alguna ocasión. Madame Chanel era además la que tomaba y vendía las fotos Polaroid al final de la función. Tenía los ojos amarillos y las pupilas algo rectangulares, como las de las cabras, aquello era parte del misterio y de la fascinación que producía.

Los cuatro hijos aparecían y desaparecían cambiando de rol: malabaristas, trapecistas, utileros, contorsionistas, cicloartistas, bateristas, también eran los novios de las muchachas de los barrios donde se presentaban. Nos reunimos en el lote, les ayudamos a templar la carpa, que llamaban pomposamente "el camerino", allí vivirían. Nos quedamos dos días. Por un momento, mientras los ayudaba, sentí que al fin era parte de una sociedad de artistas, la diferencia con la imaginada por nuestro padre era que estos sí eran artistas de verdad, no intelectuales, nada de ideas, ni ideales, de confusión o angustia, ellos eran seguridad y destreza. Cuando terminamos de armar el circo, Madame Chanel apareció con uno de los conejos muerto en sus brazos. Rodearon a Madame, se entristecieron, miraban al conejo como si se hubiera muerto alguien de la familia. Dos de los hijos cavaron una tumba al lado de la carpa. Pusieron una cruz y sobre una lámina de madera escribieron la que sería su lápida: Bugs Bonnie Roland, Tunja 1973-Medellín 1977. Dijimos una oración, nos abrazamos en la hermandad del rebusque y nos despedimos. Después, en el camerino, mientras recogía mi mochila escuché a Madame cantar una canción llanera:

El viento corrió en mi contra, aunque tú no lo sabías.
Que todo lo que ha pasado fue una mala travesía.
Desde mi soledad, hasta las sombras te miran,
se confunden las estrellas, los relámpagos reviran.
Tu rostro se me aparece, más hermoso por ausente.
Nada vi que dure tanto como tu gracia encendida
en la tarde de este llano repican como campanas
los recuerdos de tu risa.

Y hasta ese día supe del Circo Roland. No los vi nunca más. Alguien contó que se habían ido a vivir a México.

Dije a Luis que me quedaría unos días. Aceptó medio que sí, medio que no. Me quedé. Fui a Cuba con Chile. Ninguna de las puertas de las casas de la cuadra estaba abierta, algunas tenían rejas metálicas. La leche ahora la transportaban en camionetas; el periódico, en motocicleta. Hablé un poco con la gente del barrio, sentí que padecían la enfermedad de la autoafirmación que, como una peste, los había contagiado a todos, desde el señor que vendía cigarrillos menudeados hasta el dueño del lote donde acampaba el circo: "Usted no es de por aquí, ¿cierto? Medellín es la berraquera, los paisas somos lo mejorcito, lo me-jor-ci-to". Sentí mareo y miedo. Intuí que esa autoalharaca y su cacareo estaba enquistada en sus tuétanos como una tara; que esa seguridad les permitiría pasar por encima de todo, hacer cualquier cosa y "¿qué o qué?". Ante lo que vi, deduje que la lucha por una "altísima existencia" era una lucha que se estaba perdiendo. El mundo era más rudo, más rejas, menos tiempo, más gente, menos árboles. Vanidad feroz. Velocidad.

Busqué a la abuela. En el edificio del centro me dieron su nueva dirección. Ahora vivía con sus hermanas, Paulina y Gabriela. Cuando abrió la puerta me miró desconcertada, parecía buscar al niño que ya no estaba, al que hizo su preferido, al que enseñó sobre la belleza, sobre el buen gusto y la austeridad. Había ocurrido algo: la alegría de sus vidas, la risa, la disposición a la burla y a ser gocetas se habían diluido. En el ambiente sentí una resignación que impelía a lo cotidiano, a lo repetitivo, al presente. Un enojo sordo las había cambiado. Pregunté:

—¿Qué pasa, abuela, por qué tan apagadas?

—Nada, mijo, deben ser los años.

—Algo pasa.

Silencio.

—¿Qué pasó?, algo pasó…

—Es que cuando una ha tenido su casa toda la vida, vivir al gusto de otra es muy duro. Es difícil terminar sin casa.

—¿No vives bien?

—Aquí los días agobian, por idénticos.

—¿Y qué ocurrió?

—Que Paulina y yo le entregamos todo lo que teníamos: lo de la venta de mi casa y lo de Paulandia, la finca de ella, al esposo de Gabriela; él es comisionista de bolsa y nos aseguró que con su conocimiento y su información privilegiada podía multiplicar por cuatro la inversión en dos años.

Silencio.

—Y nos devolvió la décima parte de lo que le dimos. Cuando le reclamamos nos explicó que esas cosas pasan en los negocios de la bolsa. Y Gabriela, la pobre, se sintió tan mal, tan culpable, que nos trajo a vivir con ella. Las tres perdimos. Tocó resignarse. La casa es limpia y la comida buena, pero no es la casa de una. Y lo más duro: terminamos viviendo en la casa del que nos robó las nuestras.

Después preguntó por mí: que si ya tenía pelitos. ¡Claro! Dije. Que si tenía novia, que si ya lo había hecho, negué y asentí con la cabeza. Preparó el solomito en mantequilla que me gustaba, me ofreció pastel Gloria y la infancia me acarició. Veíamos televisión por las noches, hablaba de las reinas de belleza; eso le interesaba de verdad, escrutaba a las candidatas con una minuciosa alegría. Propuso que visitáramos a los primos. Vivían en El Poblado. Magdalena llegó en su Mercedes Benz azul oscuro, cojinería de cuero rojo y tablero de madera. Al fin supe qué era una mansión. En la casa, además de la familia, vivían tres empleadas, un jardinero y un chofer. Los primos preguntaron que yo qué hacía; les dije que trabajaba de ayudante en un camión. Me regalaron ropa de la que les traían de Miami; cuando me la medí, Margarita dijo:

—Tiene cuerpo de pobre: todo le queda divino. Mejor que a ellos.

—Es que usted nunca ha tenido ojos de admiración sino para él —reprochó Magdalena, con su tono de celos eternos.

Mis primos me llevaron atrás de la casa. Vinieron los desafíos, las pruebas físicas: saltos de altura, velitas, saltos de distancia, en todo me batía bien. Después conversamos sobre sexo.

—Yo me la hago todos los días, dos veces —presumió Carlos.

—Ya lo hice —dije pedaleado por la competencia, contagiado del espíritu paisa.

Me miraron entre admirados e incrédulos.

—¿Con tu novia? —preguntó Carlos.

—No, con una mujer de treinta y tres años.

—¿Cómo fue? —preguntó Nicanor.

Tenía preparada mi respuesta:

—Primero hay que hacer que las palabras lleguen a la sangre, al corazón, como en las canciones, después los cuerpos se besan, se encienden, las ganas en vez de quitarse se acrecientan, hasta que explota adentro de los dos toda esa belleza.

Desde ese momento comenzaron a tratarme con admiración y con miedo. Como alguien que los aventajaba, que hacía y decía cosas que no estaban bien, esa admiración duraría hasta que le contaron a Magdalena. Después quedaría solo el temor y el prejuicio.

Antes de regresar a Cali, Margarita me regaló una caja de metal que alguna vez contuvo galletas inglesas. Eran sus ahorros, muchos, muchos billetes.

—Es tu regalo de quince atrasado.

—Gracias, abuela.

—Debes prometerme algo.

—¿Qué?

—Que no lo vas a contar, sólo vas a gastarlo. El dinero es como la vida: hay que gastarlo. Porque una cosa es vivir y otra, durar. Nunca lo olvides. Que tus días no sean idénticos. No te repitas.

—Sí, abuela, eso haré.

Regresé a Cali; fui a la novena con novena a buscar a Luis. Tenía otro ayudante. Sentí una amargura extraña y nueva, una cosa es ser abandonado, otra, ser sustituido. Me invitó a jugar ajedrez mientras les salía un viaje.

—¿Entonces perdí el trabajo?

—Todos somos dispensables, José. Cuando decidió quedarse, pensó sólo en usted.

— ¿Y el ajedrez?

—Siempre me gana, a Santiago, su reemplazo, siempre le gano.

Nos despedimos, prometió buscarme si me necesitaba. Nunca lo hizo. "Todos somos dispensables", quedó claro. Esa semana me encontré con Víctor en un bar, nos pusimos a hablar de literatura. Al final de la noche me dijo:

—Cuando inspiras el aire para hablar de lo que has leído, siento una pasión que el ajedrez no te produce.

—No entiendo qué me estás diciendo.

—Sí, dedícate a la literatura, el ajedrez no te emociona del mismo modo. A estas alturas sabes más poemas que aperturas. Ya eres de otra familia, Caissa lo sabe.

Y dejé el ajedrez.

23

Escuché sobre una isla en el Pacífico donde vivían carpinteros navales y pescadores. Está situada a diecisiete millas náuticas al oriente de Gorgona. Pensé que podía irme a leer y a pescar para vivir. La carretera pudo ser un final terrible. Mejor el mar. O desaparecer. A veces quería desaparecer. No ser lo que era. Ni pensar en buscar a mamá. Siempre me repetía: "Si ella no me buscó, ¿por qué yo?". Regresar a la casa paterna tampoco era posible. Ahora mis actos no eran sometidos a ningún juicio, a ninguna teoría. Ser lejos de todo. Desaparecer. ¡Qué dicha!

Después de traicionar mi palabra, al contar los billetes que me regaló Margarita, dije mientras los contaba: traiciono mi palabra para cumplir lo mejor posible su deseo, calculé que podía vivir nueve meses sin trabajar. Empaqué a Dostoievski, a Kafka, a Truman Capote, a Carson McCullers, una antología de poesía inglesa. En Mulatos no había teléfono, ni energía, ni carretera, ni aeropuerto. Se llegaba en barquitos de cabotaje que salían una vez cada semana desde el Puente de El Piñal en Buenaventura.

Desembarqué una mañana después de una travesía de quince horas. La isla tiene dos kilómetros, forma una media-luna. Hacia occidente está el mar Pacífico; al oriente, el manglar, inmenso laberinto separado de tierra firme por cinco horas de canalete.

Mulatos era un poblado de veinte casas habitadas por diecisiete familias. La grama verde sobre la que caminaba parecía mantenida por jardineros de un campo de golf. Entre cocoteros y naranjos, las casas estaban diseminadas como asegurando una intimidad necesaria. Sobre la grama paseaban a su aire y sin pastor veinte vacas y tres burros. Las gallinas coloradas cazaban grillos y rebuscaban el prado.

Primero me alojé donde Isaura Reina, mujer pequeña y compacta, con una edad incalculable que su energía trasformaba en juventud. Era la matrona del poblado. Gobernaba con claridad y sentido común la vida de sus semejantes. Las disputas, casi inexistentes, se tramitaban en un consejo que ella presidía. Allí todas las cosas eran comunes, como en el "Discurso a los cabreros" que tanto me cabreó. Todo era comunitario. Y la vida, por austera, era fácil de vivir. Coco, plátano, postas de sierra, muchiyá, arroz encocado, naranjas, hierbas medicinales, pan de horno, limonada y panela, ceviches todos. El cilantro, el romero, la albahaca, el tomillo y el ajo los sembraban en potrillos averiados que ya habían cumplido y que encaramaban a las terrazas de las cocinas para tener las hierbas a mano. También eran el cerramiento de la terraza. En Mulatos había partera, sobador, curandero, práctico en motores fuera de borda y de centro. Y los carpinteros. Carpinteros de ribera. Las mujeres secaban pescado para vender y cambiar por arroz, aceite, harina, azúcar, cortes de tela, jabón de baño y jabón azul… Los hombres trabajaban reparando y construyendo embarcaciones.

Finalmente me instalé en la casa de Rafael Reina, un hermano de Isaura que había enviudado y ahora tenía un nuevo amor en Bocas de Satinga. La casa estaba levantada dos metros sobre la tierra, el piso de chonta, las paredes de abarco y la techumbre de palmiche. Todo un *loft*. Cuando salía el sol y tocaba la madera con su regadera de luz, la casa crujicantaba.

La cocina era una estructura independiente: terraza a la que se llegaba por un puente de tres pasos. Dos grandes tinas de metal, un gran mesón de madera, un lavadero también de madera, el fogón de leña y la huerta "embarcada" eran su mobiliario. El agua de lluvia era colectada con hojas de zinc. La cocina también era la ducha. Uno se bañaba tirándose agua con un gran totumo. La letrina quedaba afuera, en el borde del manglar. La marea cada seis horas venía a limpiar. Guindé la hamaca en la que dormí y leí *Los hermanos Karamazov, Crimen y castigo*, los cuentos de Carson McCullers, los de Rulfo, *El Castillo*, los cuentos de Kafka y de Capote. También la antología de poesía inglesa. ¡Al fin una casa!

Isaura tenía una sobrina: Raquel Estupiñán Reina. Diecinueve años, tal vez. Era silencio. Miraba de tal manera que parecía trinchar con su mirada. Como si todo fuera nuevo y lo hiciera suyo al mirarlo. Venía de vez en vez a traerme refresco, o a lavar, a cambio de casi nada, mis pocas prendas. En Mulatos el tiempo lo marcaba el sol. El día y sus faenas empezaban con la primera luz y terminaban con la última. Desayuno en la claridad creciente y cena en la primera penumbra. Serena rudeza la de aquel tiempo, cuerpos hermosos por cuenta del trabajo, de las cazuelas, de las postas de pescado, de la brega. Era grato verlos a las seis con el último tinte de sol, bañarse sobre las terrazas con el agua lanzada y sentir el placer de la frescura después de la jornada. Y la tela limpia y la cena merecida.

Belleza de lo no visto. Vivir el vaivén de un tiempo sin alardes, un lugar en el que el ego no existía. Lo más grande se celebraba en silencio, actos de verdad: la botadura de un barco de madera construido por todos con las manos. La captura de un gran pez. Un cuerpo desnudo frente a unos ojos que lo desean incandescentes. Los espejos, todos de mano, engastados en plástico, suficientes para la poca vanidad de aquella lejanía. Tal vez aquello sí era "una altísima existencia". Aprendí a afeitarme al tacto, pasando la yema de los dedos por el rostro para revisar, para ver por dónde pasar la cuchilla. Las mujeres se miraban el cabello, los zarcillos de oro pendiendo de sus lóbulos. Miraban más a sus hijos que a los espejos. Los hijos eran sus juguetes.

Me apodaron "Profe". Creo que por los libros. Además de leer, íbamos a pescar, los martes y los jueves a jalar chinchorro y los viernes a trolear alrededor de la isla Gorgona. A veces nos quedábamos el fin de semana pescando. Mis compañeros eran don Tino, el segundo esposo de Isaura, y Bernardo, el hijo mayor de ambos. En la canoa sentía la agitación del cardumen rozando la quilla, tumulto y danza. Pegábamos, a la estela, alba-coras de vientre amarillo y carne oscura; jureles que antes de salir del agua, cuando aún pelean al lado de la canoa, son de color lila, luego blanco y otra vez lila; dorados de frente plana y tonos azuldorado iridiscentes, familiares del gran pez vela, sin la espada y peleadores como el marlin. Sierras largas, com-pactas, veloces, bravos cobrizos de carne blanca, deliciosa en los ceviches. En las noches, fondeando, lográbamos pargos que se hacen más rojos al salir del mar; meros inmensos, carnudos y sabrosos; chernas, tollos y alguaciles. Llevábamos todo al comandante de policía. El comandante, al dueño del caspete; compraban lo que querían por lo que querían; para nosotros era suficiente. Nuestros trofeos iban a dar a la gran olla de la prisión. Lo que fue libertad pura, capturada por nosotros, iba a alimentar a los prisioneros más peligrosos de Colombia. A veces nos quedábamos a dormir en la isla en las cabañas dis-puestas para las visitas conyugales. No olvido los corazones con iniciales y fechas pintadas o grabadas en las camas, las mesas de noche o el guardarropa: *N y C - 24 de mayo de 1975. Si me dejas te mato, lo juro, amor.*

Hasta que una vez, al llegar a Gorgona, nos dijeron que la prisión se terminaría y que en adelante sería un parque nacio-nal. A la semana siguiente vimos el barco de la Armada fondeado. Por el sendero traían, en grupos de diez, a los prisioneros esposados; los montaban en una lancha y los iban llevando al barco. Cuando nos acercamos a negociar el pescado, nos dijeron que sólo comprarían tres piezas. Vimos de cerca una sarta de prisioneros, estaban felices como si los fueran a liberar.

—¿Por qué tan contentos? —pregunté al teniente Minota.

—Por las visitas: por la conyugal y por los hijos, es lo que les da moral. Y además van a estar cerca de la mamá, ¿se imagina?

Uno de los prisioneros se llevó la mano a la boca para fumar y con ella se le vino la del compañero esposado que acompañó, como en un baile, el movimiento de su parejo.

—Una cosa es una visita cada cuatro meses y otra cada semana —comentó Minota explicativo.

A partir de ese día pudimos quedarnos en Gorgona desde el viernes hasta el domingo. Comenzaron a llegar aventureros, turistas, observadores de pájaros, de ballenas jorobadas que van a parir y a retozar con sus crías todos los años entre julio y septiembre.

Leo una libreta de aquellos días:

Cordillera hundida, última altura, mínima luz en la sal del océano. Por el cielo del agua vuelan mantas gigantes, platean lanzas feroces, en cámara lenta el tiburón ballena, el mico cariblanco come coco, turquesas huyen al arrollo, la Botrox Gorgonide amenaza, dorados siguen la plata, las agujas tejen el agua, sierras cortan el hambre, limoneros florecen en la cárcel vacía. Va la madre al ballenato, el bravo carne mansa, acude a la barra la barracuda, estrellas anaranjadas en el cielo del fondo, don Tino tiene el atún, retumba la ola en El Viudo, la luna llena la nave; un sueño de hermanos perdidos trae la noche.

Un fin de semana me quedé solo. Acordamos con Tino y Bernardo que volverían en ocho días por mí. Conocí a una pareja que venía, a decir de él: "A ver cómo era todo antes de nosotros los humánidos". Se presentaron: María Valencia y Rafael Echavarría. Él tenía una seguridad como la de quien se acaba de bajar de un velero: altivez, satisfacción. Ella parecía huir de una vida cuidadosamente planificada. Daba la impresión de que se asomaba por primera vez al mundo. Simpatizamos. Quedamos de vernos al final del día en Playa Blanca.

La noche avanzaba lenta, casi detenida por la lluvia. Rafael me alcanzó un ron. María se había quedado en la cabaña leyendo a la luz de un mechero de los que se usaban para espantar chimbilacos. De la lluvia llegó una mujer. Dijo que era de California y venía a escuchar el canto de las ballenas y a fotografiar sus colas. Se llamaba Débora.

—Las colas de las ballenas son su huella de identidad —explicó que el borde de la cola tiene marcas únicas y que las fotografiaba para poder rastrearlas, para conocer sus migraciones, sus andanzas. Contó sobre los cantos de las ballenas, nos dejó oírlos imitándolos; eran mugidos profundos, tristes, como blues submarinos.

Rafael le ofreció un trago.

—Me gusta, quema —dijo enrojecida.

Después del tercer ron dio un paso largo, se deshizo del vestido, y de un salto entró en la lluvia. Miraba al cielo y alzaba los brazos como si fuera una ofrenda. La blanca firmeza de su cuerpo desafiaba la oscuridad. Nos invitó a su danza ritual. Sonreía desnuda, dichosa. Hacía como si no existiera el mundo, como si escuchara cantar a las ballenas.

Cuando terminó de danzar, animado por el ron y por su desparpajo, me acerqué, le puse la toalla sobre los hombros, ella hizo un gesto entre orden e invitación, comencé a secar la lenta espalda, cerró los ojos, abrió la boca para que los dientes me iluminaran. Descendí vértebra a vértebra. Llegué a las nalgas, intuí su poder. Sequé su ombligo. Cuando subía hacia sus pechos me ordenó: "Bebe la lluvia", bebí. Gotas de la noche. Agua pura del Pacífico.

—Aunque no lo parezcan, son mamíferas. Estamos en la fiesta mamífera de las ballenas.

Al día siguiente llovió desde el amanecer hasta bien entrada la tarde, parecía que toda la lluvia posible había caído ya. Escuchamos decir a un guardaparques del Inderena que en la isla había un prisionero enmontado, que se había escondido para no regresar al peligro de las ciudades.

Al anochecer, el cielo reverbera de nitidez. Comenzaron a sonar las estrellas en la gran batea de arriba. Estábamos ante la reina de las noches estrelladas. Apilamos en forma de pirámide unos troncos densos, restos de la prisión desbaratada, y encendimos la hoguera. Cuando cogió fuerza nos sentamos a mirar el fuego y a ver ascender las chispas de la fogata; parecían estrellas terrenas buscando a sus parientes lejanas. Nos pasamos el ron un par de veces. Un hombre surgió de la oscuridad, vino a sentarse ante el fuego. Nos miró con tranquilidad, alcanzó a sonreír con la boca cerrada, a modo de saludo nos ofreció un parpadeo a cada uno y se concentró en la pureza de las llamas. Parecía buscar el interior del fuego. Por la cuarta ronda le ofrecí un trago; rechazó el ofrecimiento.

—Esto es suficiente —dijo, y acompañó sus palabras con un gesto que abarcaba el fuego y el cielo.

Seguimos allí en silencio, en el rito inicial de la humanidad, ante la combustión del aire, bajo la comba del universo. El tiempo se había ausentado, solo nosotros frente al inicio de todo, génesis de las noches, cardioempatía, cordialidad, corazones latiendo, el fuego. Intemperie para borrar el tumulto de lo vivido. Un par de leños después apareció Débora. Se sentó al lado del hombre. El hombre se acercó al fuego y acomodó un leño caído, luego dijo:

—Huir, saber huir, de eso se trata.

Se entretuvo en las estrellas. La noche avanzaba.

Silencio.

—Quedarse también es huir —dijo con tono de conclusión. Nos ofreció otro par de parpadeos y luego de una reverencia se marchó.

Rafael se acercó a Débora, le dio a probar un bocadillo de guayaba. Ella probó como jugando. Me pasó la caja, la miré, era de la fábrica de la grosera encantadora mujer a la que le llevábamos las guayabas cuando trabajaba con Luis en el camión. Sentí que el pasado me enviaba guiños. El bocadillo sabía a risa de santandereana.

Me fui a la hamaca, desde allí veía la hoguera y las sombras. Dormí un rato largo, al despertar llovía, todo estaba oscuro. Rafael entró jubiloso como acabado de bajar de un yate.

—¡Qué mujer! —dijo y se derrumbó en la cama al lado de María, que dormía inocente como el ángel de la guarda.

De allí en adelante fuimos amigos. Escribí una carta a mi padre que nunca le envié, en una de sus páginas decía: "Aquí, en la quietud de este olvido, encuentro un paso lento: el de la respiración de un mundo simple. La ilustración no es obligatoria. Querido Kant, deberías haber venido a Mulatos".

Antes de marcharse, Débora dijo con su español cagasposo que su madre le había dado un consejo antes de morir: "Hija, trata de no repetirte, hacer lo mismo siempre es igual a estar muerta: una cosa es vivir y otra, durar".

—Lo mismo me aconsejó mi abuela —dije sorprendido.

—Ahora me iré a la Antártida. —Me cogió la mano y continuó—. Voy a enseñarte algo sobre el amor: cuando tenemos a alguien (me apretó con fuerza) de algún modo lo perdemos (me soltó).

—No entiendo.

—Lo que quiero que entiendas es que para no sufrir por perder, es mejor no tener. Rilke dijo algo que intentaré traducirte: "Cuando amamos sólo tenemos que renunciar el uno al otro".

—…

—En la seducción puedes ver de lo que hablo: cuando muestras un interés muy evidente por alguien te haces temible. Ese temor tiene que ver con la pérdida de la libertad.

A modo de conclusión me dio un beso con la forma exacta de un punto final.

La vi esa tarde, buscaba con sus ojos marinos colas de ballenas para fotografiar. Desde la proa de su lancha nos dijo adiós agitándose toda como una alegría.

Fruta delgada, ácida, dulce. Golosina de mar.

Ya lejos escribí una despedida:

Viento del mar que enfría la montaña, tráeme la luz de sus ojos. Que en su aliento pueda, algún día, respirar el aire de las ballenas, que no lastime el silencio, que lo que soy no me lastime. Las palabras acuden a remendar, zurcen recuerdos, caricias perdidas, respiro en ellas el aire nuevo de una música nítida. Si ocurre algo, si no ocurre, que sigamos descalzos por caminos distintos sintiendo los guijarros, dolor y alegría de cada paso. Que lo poco que vivimos me impregne lo suficiente.

Cuando le conté a Rafael lo sucedido y lo que me había dicho Débora, en tono de confidencia y recomendación, dijo:

—Tenés que aprender a distinguir cuando sólo eres una ociosidad, un capricho. —Me golpeó compasivo el hombro y se fue a caminar con María por el bosque. Al otro día se fueron sin despedirse.

24

En Mulatos contaban una historia que había estremecido al poblado. Una vez, llegó un pastor, testigo de Jehová, que convirtió a los mulateños en místicos. Las mujeres y los hombres se entregaron a su dios. Un dios de prohibiciones y amenazas catastróficas. Fue tanto el fervor y la obediencia a lo que el pastor decía que una apatía sexual se apoderó de todos. Durante dos años no volvieron a nacer niños en la isla. Hasta que un día comenzaron a perderse los calzones de las mujeres de los alambres. Ocurría en la noche mientras se secaban, luego de que sus dueñas los lavaban y tendían. Al otro día, cuando los iban a recoger, no estaban. El poblado se sintió amenazado, era un asunto entre divertido y pavoroso. Imaginaban a un fugitivo de Górgona acechando en la noche, las mujeres comenzaron a salir en grupitos. Los hombres buscaron rastros en la playa, en los manglares, nada. Isaura las reunió, pidió a todas las víctimas de las desapariciones que contaran qué día y a qué hora habían ocurrido los hechos. Nada de lo narrado ayudó a tener una pista. Y llegó el día en que las mujeres de Mulatos amanecieron con los calzones que tenían puestos. Se convirtieron en pastoras de sus calzones. Los lavaban y se quedaban sentadas frente a ellos sin quitarles los ojos de encima esperando a que se secaran para volver a ponérselos. Entonces se desató la fiebre del deseo. Fue tanta la gana y la lujuria que produjo aquel pastoreo que en dos meses las mujeres del caserío estaban encinta. Cuando pregunté a Isaura por esa historia, dijo:

—Aquí nos íbamos a acabar, teníamos que hacer algo. Tocó también echar al paisa ese que nos quitaba las pocas monedas y el único placer que teníamos.

Martín Berón, un amigo de Cali, vino a visitarme. Traía noticias: "Por allá todos bien". Seguro quería también llevar noticias mías. Nuestro padre creó un sistema de averiguaciones por medio de interpuestas personas. Eso me indignaba. Yo quería desaparecer. Porque a veces desaparecer es la única oportunidad de ser. Siempre supe enviar mensajes que dejaran claro que estaba bien. Construyendo, sin mucha instrucción y con ninguna consejería filial, una vida.

Por Martín supe que mis hermanos habían encontrado a nuestra madre y estaban viviendo con ella. Eso revolcó mi serenidad; pensé intentar lo mismo. Sólo pensarlo me produjo miedo. Miedo de perder la libertad que tenía, miedo de recaer en una familia. Mi idea de la familia era la de una prisión confortable y superada. Palabras dulces y expectativas imposibles de alcanzar. Vivía una vida en la cual nadie miraba mi destino, nadie me apoyaba a cambio de algo. Cada trozo de comida, cada mañana, cada camisa, las había logrado yo. Nadie observaba ni comentaba mi vida, eso es libertad. Nadie interpretaba mis actos, mis sueños eran sueños y sólo yo sabía qué querían decir: nada, "los sueños, sueños son".

Mientras Martín estaba de visita ocurrió un hecho entre macabro y gracioso.

Dos de los hermanos de Raquel estaban reparando embarcaciones de madera; uno en el río Satinga y el otro en Iscuandé. En aquella lejanía la única forma de comunicarse era mandar razones o notas con las tripulaciones de los barcos de cabotaje que paraban en los poblados a dejar mercancías o combustible.

Ercilia, la madre de Raquel, enfermó. Samuel, el curandero de Mulatos, dijo que estaba a punto de morir: "De hoy no pasa". Raquel mandó la razón a sus hermanos, Memo y Beto, de lo que había dicho Samuel. Cada uno, por su cuenta, se puso a la tarea de fabricar un ataúd para su vieja. Sabían que la velarían en su cama nueve días, ambos calcularon que su respectivo cajón llegaría antes. Pero la vieja Ercilia no murió. Y Raquel no pudo mandar razón de que la mamá no había muerto, porque no pasó barco ni lancha para hacerlo.

Y así, por caminos distintos llegaron Memo y Beto. Cada uno con su ataúd al hombro, bien pulidos, la laca aún sin secar del todo. Durante el viaje lloraron e hicieron la dramatización de su propia tristeza que caracteriza el dolor de los mulateños y que combina la mejor ropa, lágrimas casi metálicas por lo brillantes y una borrachera bamboleante con lamentos graves acompasados por largos silencios. Con tres horas de diferencia se presentaron en casa de Ercilia.

Beto preguntó a Raquel:

—¿Cómo así? ¿Qué pasó? Usté si es la más inresponsable del mundo. Déjese de tanto brutalismo, que a uno le duele muy duro tener que hacer el cajón de la mamá.

—Sí, usté es la persona más inseria de este mundo. Vea lo que nos hizo hacer —reforzó Memo.

—¿Y si no pasó barco cómo les avisaba? Alégrense de que la alcanzaron a ver viva.

—¿Y es que usté ya me está matando? Yo no me voy a morir todavía, niña Raquel. Su pa decía: "Cuando uno ha cortado la quilla es que al dueño se le ocurre agrandar el barco". Y sí, se me ocurre, como dueña que soy de mi vida, alargarla otro rato. Vea, Raquel, tape esos cajones con esteras y ahí sentamos ahora a la visita, porque no demoran en llegar a averiguar todo este bochinche.

La cosa terminó en parranda. Memo decía:

—El ataúd sólo le talla al que lo carga. Movía la cabeza y sonreía. Después se oyó rodar por la fiesta el estribillo: "Sólo le talla al que lo carga".

Doña Isaura llegó con su familia a saludar a los "recienvenidos". Como siempre, estaba enterada de todo. Notó la tristeza rabiosa de Raquel, la rascajocosaindignación de Memo y de Beto, la confusión por el malentendido de Ercilia. Hizo llamar al curandero. Samuel acudió al llamado. Traía un biche en la mano extendida como si fuera la boleta para la reunión. Era canoso y el único barrigón de la isla. Miraba con ojos entrecerrados como apuntando para lanzar un arpón. Pidió permiso y se sentó en uno de los ataúdes tapados, que ahora eran bancas.

—Vea, Samuel, ya está bueno de decirles a los parientes de los enfermos que sus familiares están a punto de morir. Ya le tengo cogida su idea: si se mueren, usté lo sabía y lo predijo, y si no se mueren, lo que les dio a beber los salvó.

—Doña Isaura, espere, espere…

— No, escúcheme bien, Samuel, es que ya reparé en lo facilito que es tener ese prestigio suyo, y por esas patrañas estamos aquí con dos ataúdes y sin ningún muerto. Le voy a poner una reprimenda y salimos de esto de una vez. Pero primero deme a probar eso que trae.

Samuel abrió la botella, Raquel trajo un vaso.

—Está bueno el remedio este —dijo Isaura al beber.

—Doña Isaura, vea… es que aquí estamos muy incomunicados.

—Escuche, Samuel, la penitencia es esta: usté va a comprar uno de los ataúdes a los muchachos de Ercilia, le dará la mitad del precio a cada uno y se lleva su ataúd. Así queda medio pagado el daño. Y el otro ataúd es de esta casa, para el primero que lo necesite.

—Su justicia es injusta, doña Isaura.

—Pero así será.

—Pero es que un ataúd en una casa es de mala suerte.

—Y no que usté es el científico del pueblo, y creyendo esas boberías. No hable mucho porque mientras más callado, más inteligente.

Y así quedó resuelto el asunto. Lo que siguió fue una fiesta de la que doña Isaura fue la primera en marcharse.

—Hay que aprender a irse cuando se está pasando bueno —decía siempre que se iba.

Martín Berón, rojo por la insolación, se fue a llevar noticias de mi nueva vida.

Una vez Raquel, que había escuchado a su tía contarme la historia de los calzones robados, se dio mañas para que la viera lavando sus calzones mientras susurraba una canción. Estaba vestida apenas con una camiseta que hacía de vestido. Le pregunté:

—¿Y qué se va a poner mientras se secan? ¿Quiere una pantaloneta?

—Nnnnn… nadita, me quedo a pelo —dijo traviesa.

Me trinchó con sus ojos, se plantó frente a mí. Desde algún lugar del futuro algo me ordenó: "No la toques, si la tocas, te quedas".

—Ven, ayúdame a buscar mi arete, es de oro.

—No lo haré.

—Eres flojo.

—Me perdería aquí. Y usted también…

—Perdido está: sin familia, ni mujer, ni nada. Y de mí no hable que de mí no sabe.

—Solo vine por un tiempo.

—Entonces váyase yendo que aquí no necesitamos extraños, aquí o se es familia o no se es nada.

Esa noche conté a Isaura que debía irme.

Me pidió que antes les enseñara a leer a sus dos nietos. Les enseñé *La estrella de la tarde*, de Barba Jacob. Los niños preguntaban: "¿Qué es un monte azul? ¿Los montes tienen corazón? Sí. ¿Como el de las tortugas, que sigue latiendo después de que se mueren?".

A las tres semanas leyeron a su abuela, verso a verso, dos poemas de Barba Jacob, y uno de Blake. Doña Isaura, que era analfabeta, comentó:

—¿Y eso tan bonito qué es?

—Poesía inglesa —respondí.

—El inglés no es tan enredado como dicen.

Una tarde estábamos "aguardeahí" a que sirvieran la comida y llegó Ezequiel, un sobrino de Isaura. Era capitán del *Dos Irras*, un barco de ribera; sus dueños se llamaban Israel Estupiñán e Israel Arias, guapireños, casados con dos hermanas de Isaura. Ezequiel le traía las cuentas del pescado seco vendido durante ese mes. Iba diciendo los kilos recibidos y los vendidos, y dando cuenta de quiénes debían y quiénes habían pagado. Al final le entregó lo que consideraba era el resultado correcto de sus cuentas.

Había seguido mentalmente las cuentas. No daban, estaba pagando más de lo que debía ser.

Se lo dije. Y di la cifra correcta. Ezequiel comprobó que lo que le había dicho era correcto.

—Puede embarcarse. Y ayudar con las cuentas —dijo Isaura.

Le conté a Raquel que me iba.

—¿Qué día se va?

—El sábado.

—El viernes en la noche voy y le ayudo a empacar la ropa.

Sobre Mulatos y los viajes que hice embarcado de tripulante, cuentista y cocinero en el *Dos Irras*, en medio de la pobreza más espléndida de que tenga memoria, escribí una bitácora.

Mulatos:

Encallados, náufragos del estero. Isaura Reina arregla lisas y sierras, sobre la esterilla de chonta el aguamanil; en la cocina se habla de maremotos, de marimbas, de hijos embarcados; se pide a los niños que se endulcen en agua de lluvia antes de la comida. Raquel Estupiñán saca del caldero monedas doradas, les brizna sal, don Tino cruza la tiniebla azul, toma de la mesa un patacón, lo muerde, bebe café. Con una concha de piangua, don Santiago ralla coco para hacer arroz; en la hamaca un hombre ciego espanta jejenes con su gorra mientras respira los aromas y adivina el menú. El viento empuja al día en la noche. En el aceite hirviente el coletazo final de las lisas, el arroz encocado, la limonada en la jarra. Con la última luz comemos y cantamos.

Como podía hacer cuentas en la mente, Ezequiel confió en mí. Había que tener memoria de cada transacción, de cada encargo y de lo que se cobraba por cada encomienda y por la carga. Saber de quién se recibía y a quién se entregaba. Y si el flete se pagaba en destino o ya iba pago. La memoria me dio la mano para vivir de ella en ese litoral. Al fin soy "cuentista": un inyector Volvo para Lisímaco Rentería en Guapi, tres arrobas de pescado seco para doña Herminia en Sanquianga. Ciento sesenta galones de gasolina para Cristóbal Valencia en Iscuandé. Noventa trozas de chachajo y setenta de chanul para Maderas Andrade en Buenaventura. Veinte kilos de estopa de calafate para Luis Reina. Tres juegos de bujías para motor fuera de borda. Dos latas de aceite y una arroba de arroz, para el restaurante Timbiquí en Tumaco. Saturia de Istmina pidió tres rollos de tela de algodón estampada, manda las muestras. Entregar la correspondencia en la farmacia de Iscuandé. Planta eléctrica para Telecom de Guapi. Remesa para el granero Granada de los Giraldo en Sanquianga. Remesa para los Mosquera en Mosquera. (Van las listas).

Era una actividad intelectual que me resultaba fácil. Ezequiel pagaba el mínimo, libre de comida y dormida. La dormida era en el barco. La comida también; sólo cuando estábamos atracados o fondeados íbamos a los mercados a comer "sazón de negra", como decía Ezequiel. En las noches, desde mi camarote, escuchaba el ronroneo del motor diésel, gargareo ronco, arrullo para las ideas, para las distancias. Al barco le sonaban las maderas de las que estaba construido. Crujía mientras avanzaba, cabeceaba en la noche pacífica, íngrimo en la oscuridad, haciendo espuma para nadie, como la canción que canta el que va solo.

Alguna vez, en plena travesía entre Guapi y Buenaventura, el timón del barco se averió. Quedamos a la deriva. Ezequiel llamó por radio a la capitanía del puerto a pedir ayuda. El barco estuvo al garete toda la noche, no se podía apagar el motor para que las bombas de achique siguieran sacando el eterno chorro de agua, "siempre hacemos agua", explicó Ezequiel la vez que le pregunté, "no hay barco que no la haga". Al amanecer, otro barco que venía de Tumaco nos alcanzó y nos remolcó hasta Buenaventura. Durante ese asueto escribí:

Fiestas de Guapi. En los palenques bailan Juga. Las canoas duermen bajo las casas, las redes lejos de los cardúmenes, oigo arrullos. Chontaduros maduran, llovizna sobre el zinc, en los palafitos jureles y albacoras, currulaos. Canastas suspendidas, nidos de oropéndolas, en el coral del ritmo la marea subiendo, hombres bajando, jóvenes negras desnudas se bañan aguabajo.

En la libreta de esa época hay una nota para una historia:

Cuando llegaba diciembre recordaba las fiestas de la Virgen, a mis padres, a mis tíos, a todas las gentes del río haciendo las balsas para la procesión, me parecía verlos juntando las canoas y disponiendo la gran tarima para la Virgen. Recuerdo las canciones que cantábamos, el sonido de los tambores en la noche y el dulce de las marimbas de chonta. Vuelven a mi memoria las mamás haciendo fiambres, los hombres bogando, y los silbos con que saludaban. Recuerdo que a los niños nos hacían potrillos y redes de pesca pequeñas para que aprendiéramos jugando, y que bajábamos por el río, y mi abuela fumaba tabaco y contaba historias mientras ayudaba a parir por la ribera. Y antes de la noche, el río estaba lleno de balsas y todas las personas de los poblados río abajo salían en canoas o barcazas a la fiesta. Entonces, el río parecía encenderse, los músicos llenaban de sonidos la noche, y veíamos a las gentes de la orilla saludando con las linternas en la oscuridad, y los ojitos de las guaguas y los caimanes, y a mis padres sobre la tarima, riendo de amor. Mamá toda de blanco más dichosa que nunca. Y nosotros desde la balsa flotábamos, y la fiesta seguía aguas abajo.

Sin otros libros que leer, releí los cuentos de Capote y de Kafka. Me sorprendía que cada vez fueran distintos. La relectura parecía darles una nitidez que no tenían. Era como si los cuentos jugaran conmigo a las escondidas y en cada nueva lectura me mostraran que no había visto todo, y me revelaban sus secretos.

La humedad había engordado mis libros y terminó por deshacerlos. Comencé a ir, según donde estuviera el barco, a las bibliotecas públicas de Buenaventura, Guapi y Tumaco a que me prestaran libros. Una vez, cinco semanas después de embarcarme, me quedé leyendo en la biblioteca pública de Tumaco; leía *Benito Sereno*, de Melville, perdí la noción del tiempo y el *Dos Irras* me dejó.

Cuatro días después logré comunicarme con Ezequiel, estaba de mal humor, habló con el tono del que ya decidió. Dijo cantaletoso que casi los hago encallar, que me esperaron hasta que la marea baja amenazó la flotación del barco y que ya no me necesitaba. Me dejó lo que me debía en el muelle de los Lizcano. Allá lo reclamé: billetes húmedos, malolientes; trasegados por la intemperie. Manoseados por aserradores, vendedores de plátano, mazamorreras de oro, tenderos, tripulantes, buscadoras de piangua, traficantes de gasolina, vendedoras de pescado, coteros, comerciantes de coco, cargadores de madera, armadores, mecánicos diésel. Billetes deshechos que parecían la fuente de todas las bacterias, testimonio irrefutable y maloliente de la insalubridad y del abandono de aquel litoral. En el Banco de la República de Buenaventura los cambié por billetes nuevos, casi irreales por lo hermosos: tensos, irrefutables, de colores móviles, con sus marcas de agua secretas y sus fibrillas fluorescentes, nítidos como sueños cumplidos, y lo mejor: olían a lo que huele la riqueza. Regresé a Cali.

Cuando llegué me enteré de que a mi hermano lo habían retenido en Bogotá en una redada contra remisos del ejército y se lo llevaron a prestar el servicio militar obligatorio. El que devolvieron fue otro distinto del que reclutaron. Nunca dijo qué le pasó o qué le tocó hacer o ver. Su silencio y su desamparo tenían un carácter definitivo. El silencio, que era su refugio, se volvió su morada. Su mayor posesión. Se quiso apartar del mundo y buscó vivir en las montañas. Se fue a los Farallones, lejos de todo y de todos. La voz del niño, ahora hombre con libreta de primera, habla sólo de pájaros, de hojas y de lluvias, quizás a ellas contará sus más duros secretos, secretos como joyas ocultas en el armario de su hermetismo. Lo imagino en la curva del camino o por la cresta de los peñascos, como sostenido por las águilas, sobrevolando las palabras calladas, quisiera que me contara, que revelara su verdad, como revela el relámpago al compañero extraviado en la noche. Quisiera que me dijera. Que volviera la amistad que tuvimos siendo niños, que regresara aquella hermandad de la confianza infinita. Quisiera que mi hermano no sea como los amores que sólo fueron silencio. Que aquello tan íntimo que no puede decir sea dicho. Que lo que me diga permita comprender que su vida es una manera de nada decir, y que sea suficiente. Saber lo que vieron sus ojos, contar lo que vieron los míos, recordar la vida cuando no había caminos y nos tomábamos de la mano para darnos valor. Para no estar tan solos.

Solo su corazón conoce las diminutas sílabas de lo que no dice, los duros enigmas con que teje su silencio. Sobre la banca, en la tarde, cuéntame, cuéntanos, así solo quieras hablar del vuelo de los pájaros, háblanos de ese que fuiste hace años. Ese que permite a tu soledad ser lo que temes, háblanos de lo que amaste, de lo que perdiste. Tú, el caminante de las últimas cumbres, cuenta conmigo, aunque no me cuentes nada.

25

Volví a las imprentas. Por casualidad descubrí, o mejor, descu-
brieron que podía tener una profesión. Ocurrió así: estaba en la
imprenta empacando unas revistas y llegaron los dolientes de
un trabajo de impresión a revisar una prueba de color. Era un
impreso para promover crédito educativo, la Fundación FES
lanzaba ese programa. El impreso decía: "Conozca el nuevo crédito educativo de la Fundación FES". El director del área finan-
ciera refunfuñó mientras el publicista le mostraba el folleto:

—Nunca pudieron encontrar un nombre al programa, un
nombre que sea la marca. Toca leer esa carreta tan larga y
tan obvia.

Miré el folleto con cuidado, y de pronto se me ocurrió:

—Tengo la marca —dije.

El publicista me miró como si estuviera ante un mendigo
maloliente; el ejecutivo de la FES, con el ceño fruncido por el
desdén, preguntó:

—¿A ver, a ver?, diga.

—FES Cree —dije.

Hubo un silencio largo.

—¿Usted quién es?

—Trabajo aquí —respondí.

El publicista me miró con la boca abierta.

—¿De qué agencia es? —preguntó con evidente ofuscación, al tiempo que tapaba el folleto con un ademán mitad vergüenza, mitad recelo.

—De ninguna, trabajo aquí, en la sección de libros y revistas.

—¡Esa es la marca! —gritó el hombre de la FES—. Todo en dos palabras: tiene concepto y kilometraje, ¿cómo no se nos había ocurrido? ¡FES Cree! Un cabezazo. Y cuánto va a cobrarnos.

—No sé, de eso hable con don Ernesto Fernández.

Don Ernesto bajó con su bullaranga congénita:

—A ver, a ver, qué pasa aquí, qué pasó.

Le contaron lo sucedido.

—Pues páguele la mitad de lo que le paga a la agencia por la creación de una marca, y ya. Hay que rediseñar todo el material con FES Cree. FES Cree, muy bien, muy bien… un bolabola, pero taquen a ver.

Desde ese día me buscaron para que opinara o sugiriera siglas o títulos y me consultaban nombres de productos. Recordé que a los nueve años bauticé Apagón a un potrillo, sin pensar, con ver que era negro y que había nacido mientras se robaban las elecciones de 1970.

Dos semanas después llegó un cheque con una cifra que jamás había visto a mi nombre: cuatro salarios mensuales a cambio de dos palabras. "¡Esto sí es dinero fácil!". Y terminé en la publicidad.

La publicidad es un sueño que no deja dormir. Mundo de mercenarios en el que crees que eres inteligente, te pagan por decir lo que hay que decir y a los clientes no se les ocurre. Los dueños de los ingenios pagan caro su falta de ingenio. También permitió conocer el mundo en el que estaba. Disfruté las grandes terrazas, los salones de los dueños de las marcas, las sonrisas de sus hijas. Me envicié a las migajas de la dicha. Conocí a los viejos ricos que miraban por encima del hombro a los nuevos ricos, y a los nuevos ricos que miraban por encima del hombro a los viejos ricos.

Un día fui a comer kibbes y ensalada turca con aguacate al restaurante Los Turcos. Estaba concentrado en mi tarea cuando lo vi. Entró, resuelto como recién bajado de un yate, ¡Rafael Echavarría! Alegría del amor de la amistad. Hablamos dos días seguidos. También, y por otro camino, había encallado en la publicidad. Fue una suerte, me enseñó algunas trampas del oficio. Burlarnos del mundo era lo que más hacíamos. Todo el tiempo estábamos haciendo frases absurdas que nos doblaban de la risa como si estuviéramos trabados.

Nos unía que no teníamos familia. Que habíamos renunciado o huido de ellas. Una vez le conté que por parte de madre no conocía a nadie de la familia, a nadie, ni siquiera a ella.

—Mejor, mucho mejor —dijo, y le asaltó un ataque de risa y una convulsión de hombros. Repetía en medio de su jolgorio:

—Ni siquiera a ella, ni siquiera a ella.

Hicimos un pacto de hermandad. Nos propusimos buscar una ocasión especial para el rito y el juramento. Entre tanto, nos hicimos amigos adictos.

Una vez después de las cervezas respectivas, fuimos a curiosear la vitrina de Foto Sport. Al atravesar el Paseo Bolívar, la brisa fresca revoloteaba haciendo de las suyas con faldas, cabelleras y sombrillas. Nos sentamos a disfrutar de la belleza causada por los raudales del viento. Cali tremolada. Al fondo, mirando hacia occidente, se erguían despejados y altísimos los Farallones de Cali. Nos sentamos en una banca de granito frente a ellos y olvidados de las luchas de las manos con las faldas, observamos sus picos y dijimos sus nombres: Pico de Loro, Alto del Buey, Cerro de la Teta, Paso de Soga…

—¿Cómo se verá el mar Pacífico desde esas alturas? —pregunté.

—Vamos a verlo —respondió.

—¿Cuándo vamos?

—Puedo el lunes.

—El lunes entonces.

En Foto Sport averiguamos artículos para el viaje. Hablamos con el dueño del almacén (teníamos la costumbre de jugar a describir a las personas), a decir de Rafael: "Es una navaja suiza, un ser compacto y lleno de sorpresas útiles e inútiles". Dijo también que era flemático y que subrayaba la ignorancia de sus clientes mientras ofrecía sus maravillas importadas. Nos ofreció una brújula, unos binóculos, una estufa de gas francesa con su tanque ("Pesa completa cuatro cientos ochenta gramos", explicó el dueño). Durante el viaje, Rafael escribió un diario que comenzaba así:

LA SAL, SIN LA CUAL LA VIDA ES UN MARTIRIO

1

Las panelas, los remedios, las latas de fríjoles, las de atún, la bolsa del arroz, la de la carpa, los machetes, los panes, los fósforos, la mantequilla, los quesos, la brújula, los cuentos de Jack London, el lápiz, los ajos, los salchichones, infinidad de frasquitos y cajitas, las ollas, las medias de lana y las cuerdas, se venían desdoblando de una lista vertical, horizontal, transversal, adicional, que se revisaba, se reducía, cambiaba de papel, las cosas se amontonaban como una abigarrada y caótica ciudad desparramada por el piso, por la mesa, por la cama, cosas que esperaban ante mi atolondrada indecisión, junto a, fofos como remedos de montañas o títeres guardados, los pequeños bolsos de correa oblicua, el morral de médico, con sus bolsillos y compartimentos, demasiado específico para su oficio; la mochila francesa de nailon para expedicionarios de carretera, las tulas sin agarradera, pensaba en el frío en esa soledad que se comparte con un solo compañero. Todo lo tomaba y lo desechaba sin lograr decidirme por dónde empezar a empacar.

Después de un ascenso de dos días bajo la lluvia, atravesada al fin la selva, lo vimos. El mar Pacífico. Debajo de nosotros. Como en el Delirio desde el Chimborazo todo estaba abajo. Y "el éter sofocaba el aliento".

—Viste que la Tierra sí es redonda —dijo Rafael.

Acampamos. El Paso de la Soga está a 4.400 metros de altura. En una carpa que nos prestó Óscar Muñoz, dormimos como momias, era muy pequeña y los morrales no se podían dejar afuera. Me ofreció lo que había escrito con su grafía barroca, al hacerlo dijo:

—Es el documento que sella nuestra hermandad, debes saber que tiene fuerza de ley.

Desde el vértice del cerro presencié la neblina fría y presurosa acariciando los montes como una sábana que se retira ante la llegada del sol. Abajo en el valle apenas despuntaba el alba. De mi boca salían fundidos el humo del primer cigarrillo y el vapor de mi aliento. Sonreí con esa sinceridad que da la soledad. Oriné al abismo y observé el vapor desprenderse del chorro. Desde la extensa penumbra del valle saltaron los primeros brillos: algún techo de zinc; el río, que serpenteaba casi encontrándose en sus vueltas. Comenzaron a apagarse las luces de la ciudad, imaginé los pitos y los rugidos de los motores. Cierto encanto comenzó a desvanecerse. Mis sentidos regresaron a la altura. El silencio soplaba. De repente me pareció escuchar una vocecilla que desapareció al instante como una ilusión acústica. Regresó la vocecilla, púdica, con alguna brisa favorable. Era la canción del agua. Tan delicado era su timbre. Pero de nuevo desaparecía, un antiguo instinto movía mis orejas ávidas de absorber en el aire los líquidos de su murmullo. Era como saber que en medio de esa enormidad rocosa algún corazón latía. Al poco rato abrimos una trocha, deteniendo a veces los machetes para escucharla y corregir el rumbo. Por fin un pie se hundió entre raíces. Allí corría fría, recién nacida entre diminutas albercas ciegas, vertiéndose con sigilo unas en otras. Hubo júbilo de gargantas y cantimploras.

Entonces me extendió su cantimplora, yo le ofrecí la mía. Juramos ante el mar Pacífico ser hermanos, observar aves, mirar hacia el cielo bajo los árboles, estricta lealtad y verdad hasta el fin de nuestros días. Saqué la navaja, pinché mi dedo pulgar con la lezna, salió una robusta gota de sangre, le ofrecí la navaja, Rafael hizo lo mismo; juntamos los dedos para mezclar y sellar con nuestra sangre el pacto. Bebimos y juramos. Luego contemplamos la tarde y, ya en la noche, desde la soledad inmensa, pudimos ver las luces de los barcos al entrar a la bahía de Buenaventura.

Una Semana Santa volvimos a Gorgona. A la prisión se la estaba tragando la voracidad vegetal. Su devastadora vitalidad parecía querer borrar lo que allí había ocurrido. Las hiedras, los musgos, el fervor de la humedad minaban las edificaciones, los calabozos, el gran patio y los dormitorios. Murciélagos y arañas como pesadillas persistentes pendían triunfales de la destartalada techumbre de la prisión. Las telarañas parecían custodias; los insectos atrapados, esmeraldas y zafiros dentro de mortajas de seda. En los muros de las celdas de castigo, detrás del musgo, se podían leer en bajo relieve los grafitis escritos con caparazones de ermitaños.

"El ojo que ves no es ojo porque lo ves, sino porque te ve". "Si rápida, mejor la faena, menos cicatrices, menos ruido". "Lo mejor de la muerte es el silencio". "Consejo para una larga vida:

el índice sobre los labios". "Si atas dos águilas de las garras y las lanzas a volar, sus alas se estorbarán y no podrán elevarse".

En aquel viaje recordamos a Débora, preguntamos por ella.

—Está en California —contó un biólogo marino.

La segunda noche, otra vez frente al fuego, casi ebrio, Rafael contó cómo se le había estropeado todo:

—Te contaré algo para que sepas dónde y cuándo se formó el nido sísmico que ha hecho de mi relación con mamá un terremoto interminable. Nuestra pugna infinita comenzó cuando yo tenía catorce años y mi mejor amigo era Quique, un compañero del colegio. Él quería ser guionista y yo fotógrafo, hicimos proyectos, a veces se quedaba a dormir en nuestra casa. Se conoció con mi hermana Nana y se volvieron novios.

Rafa comenzó a perder el aire. Se quedó callado un rato, luego siguió.

—Serle infiel a papá, que es un santo, con el novio de su propia hija, con el mejor amigo de su hijo, es algo que… La imagen no se te va de la cabeza, eso es lo peor, no la puedes borrar. Cuando le pregunté a Quique por lo que había pasado dijo:

—Tu hermana estaba enferma y tu mamá se ofreció a llevarme a mi casa.

—Lo callé. Pero de todas formas me lo contó: me envió una carta con la que pretendía disculparse.

Rafael esculcó la billetera y sacó una hoja de cuaderno, estaba rota de tanto doblarla y desdoblarla. Leyó algo que parecía saber de memoria:

Yo estaba en el cuarto de tu hermana, en su cama contemplándola, tenía fiebre y los ojos cerrados, gemía, me excité, no pude controlar la erección; ella no se dio cuenta, me comporté como se comporta un caballero con su novia enferma, pero sus gemidos me excitaban y mi erección no cedía. Golpearon la puerta, me levanté y abrí. Era tu mamá, me miró de arriba abajo, me dijo en voz baja, como para no despertar a Marta: "Ven te llevo a tu casa". Sentí vergüenza, pues mi erección era inocultable. Pensé que ella podía creer que yo no respetaba a Marta ni siquiera enferma. Tu mamá me condujo primero a la cocina, allí buscó las llaves del carro y luego la seguí hasta el garaje. Entonces entró a la camioneta, me senté adelante. Primero me puso la mano en la rodilla y preguntó: "¿También estás enfermito?, ¿te duele?, ¿te quito ese dolor?". Tenía puesto un vestido de esos hindúes. Metió la mano, sacó mi pene y empezó a besarlo como si fuera un pichoncito enfermo. Yo no podía hacer ni decir, estaba paralizado por el susto. La fragancia del perfume que compartía con Marta me confundía. Se acaballó sobre mí, y con palabras amables me fue quitando el dolor de novio. Sana que sana culito de nana. A Marta, como sabes, ella le dice Nana, me fui sintiendo sofocado por el deseo, me ordenó que le lamiera el cuello. Decía: "Niño bueno, ya se te va a pasar", y fue acelerando: "Dame tu dolor, dámelo, tu dolor de novio es mío". Escuchamos un portazo, se bajó de mí, encendió el auto, la puerta eléctrica comenzó a subir. Ya en la calle me dijo: "Vamos a guardar este secreto, niño. Y de pronto repetimos". Eso fue lo que pasó, perdóname, Rafa.

Rafael dejó de leer, soltó el papel y se tomó un trago largo de ron Tres Esquinas. Luego, con la voz asordinada por la confesión, dijo:

—Mi amistad con Quique se acabó. Lo que no terminó fue el noviazgo con Nana. Yo tenía fantasías, pesadillas en las que los mataba a todos. Un día Nana le dijo a Quique en pleno almuerzo:

—Siento que desde que eres mi novio mamá me quiere más.

Entonces pienso en mi padre y en su imperturbable majestad. El rector de la universidad, el intelectual adusto. Es como si estuviera por fuera de la vida, de la concupiscencia, de los asuntos humanos. Llevado por una discreción mortal, por un sordo sentido de lo que debe ser, vive en una paz que nos está matando a todos. Si al menos se enojara, si nos ofreciera un gesto de indignación ante la desvergüenza de nuestra madre, entonces tendría de dónde… Papá ha logrado que su bondad haga imposible hablar de lo que ocurre. Su sola presencia cambia mi furia. Su voz, su mansedumbre, me anulan, no se me pasa por la mente hablar de nada que pueda molestarlo. Pero eso que él produce es una falsa armonía. Y miro a mamá. Siento que su desvergüenza es sólo asunto mío, pues soy el único que conoce la verdad. También me pregunto si será que papá tiene razón. Si esa tontería de la fidelidad es un asunto heredado por la especie: burda competencia de la especie por la reproducción.

Encendió un cigarrillo, parecía descansar en el silencio que le ofrecía esa pausa. Luego tomó aire y continuó.

—Una noche coincidimos con Quique en una discoteca, yo estaba borracho, seguí a Quique al baño, lo encuellé y le pregunté que si lo habían vuelto a hacer. Él, muerto de miedo, afirmó con la cabeza. Le pregunté que cómo era capaz de hacer algo tan cochino y, asustado por mi ira, dijo que cuando estaba con la madre pensaba en la hija. Ni siquiera mencionó sus nombres, hablaba como si se tratara de dos desconocidas. Salí de allí, espantado de lo que estuve a punto de hacer.

Me levanté, tomé la carta del piso y la tiré a las llamas. Rafael estaba tan abatido que no se movió. Miró consumirse la prueba que guardaba para revelarla algún día.

Al final dijo:

—Nuestros padres son lo que son, quererlos y evitarlos es la única manera… de no contaminarlos y no contaminarnos. Callar para poder conversar. Distancia para tener cercanía. El silencio es el mejor psicólogo. Sabemos en el fondo que el amor y la imagen de nuestros padres son ficciones que construimos olvidando, eludiendo.

Al otro día Rafael estaba tranquilo, como si algo se hubiera resuelto. Satisfecho, como si acabara de pagar la última letra de una deuda agobiante.

—Ya no tengo con qué sobornarla —dijo con los ojos muy abiertos y su cara de pájaro loco—, por culpa tuya.

Alzó su brazo amenazante. Y soltó su risa convulsa.

En el viaje de regreso Rafael contó que su abuela había muerto y le había dejado una herencia.

—Una cosa es aspirar a una herencia y otra, aspirarse la herencia. Es lo que haré. Estás invitado a la espiral de mis alambiques, y te advierto: es una espiral descendente.

III

26

Madre no hay
Madre no
Madre
Cuando conocí a mi madre sentí una mezcla de dignidad
e indignidad. Dignidad de haber sido sin ella. De presentarme
ante ella completo, saludable, con el rostro sonriente, los dientes ordenados como si el pasado hubiera sido el sendero liviano
y tibio de la facilidad. Indignidad de sufrir esa situación.
Conocer a la madre a los veintisiete es algo que desdice del origen; saber además que a esa cita de reencuentro no la precedió
el deseo de ninguno de los padres. La procuré yo. Indignidad
por la manera como la encontré. Como di con ella.
En aquel tiempo trabajaba en una agencia de publicidad.
El departamento de medios que hacía las negociaciones con
los canales de televisión estaba a cargo de Ofelia Velasco. Un
día, en la cafetería, mientras Ofelia se tomaba sus pócimas verdes contra la oxidación, me preguntó:
—¿Cómo es tu segundo apellido?
—Ortiz —respondí—. ¿Por qué?
—Es que tengo una negociación con una programadora y
dicen que la dueña fue la primera esposa de tu papá. Se llama
María del Rosario Ortiz. Me voy a ver con ella.

Al fin me alcanzaba lo temido. Quedé atolondrado. Luego me dije que mejor de una vez, como había enfrentado siempre lo que me daba miedo.

Le pedí que le llevara una nota. Subí al escritorio donde me ganaba la vida escribiendo discursos o cartas que firmaban los presidentes de las compañías.

Escribí: "Hola, mamá", sentí falso escribir mamá. Dije en voz alta "mamá". Ese vocablo era incómodo en la boca, como cuando probamos una fruta nueva y no nos sabe bien; nuestro gusto duda y no puede, la dejamos allí sin masticarla y luego la escupimos. "Hola, María del Rosario"; la incoherencia de ese nombre y el no haberlo pronunciado nunca me causó vértigo. Opté por: "Hola, te escribe José, tu hijo, quería saber si podemos vernos para conocernos. No está bien tener mamá y no conocerla. Y tampoco está bien no intentarlo".

Esos reproches, esos juicios eran legítimos, pero la acusaban, entonces los eliminé. Finalmente logré lo que parecía un telegrama: "Sé que estás en Cali, quisiera saber si podemos vernos. Mi teléfono es: 8933971, José".

Esa noche en el contestador encontré un mensaje: "Bienvenido el encuentro. Estoy en el Hotel Dann, habitación setecientos dos. Te espero mañana a las siete y treinta de la noche".

La voz tenía acento bogotano. También ímpetu, mando. Y cierta ronquera de fumadora. Escuché el mensaje varias veces. Mi hiperestesia se aguzó para desentrañar el contenido del tono, los matices de esa voz. Se me antojó que aquel ímpetu era de miedo, y de insolencia ante el miedo.

En el espejo del ascensor remiré mi aspecto: veintisiete años, uno setenta y siete de estatura. Cejas pobladas, ojos verdes, grandes. Y la sonrisa. Sonrisa de podio. No de primer puesto, pero de podio. "La medalla de plata es la que hace a la de oro". Al verme, y como si mirara a un desconocido, me dije: "Es alguien satisfecho de sí, a pesar de sí".

Aprobé lo que vi. La camisa que estrenaba era azul y la chaqueta de lino nueva me daba un aspecto entre serio y jovial. Caminé por el pasillo hasta la habitación setecientos dos. De pronto sobrevino el susto que sentí el día en que, siendo niño, buscaba llegar a pie a mi casa solo, miedo a ser socorrido, ese sentimiento produjo una coraza. Algo como "No me dejaré ayudar, puedo seguir solo, quiero seguir solo". La puerta de la habitación estaba entreabierta. "Al fin ha hecho algo para mí". Golpeé la puerta y desde adentro escuché:

—Sigue, sigue.

Entonces la vi. Tuve un sobresalto que alcancé a disimular. Había algo de bruja en la arquitectura de sus dientes lanzados hacia fuera. Sonreía como sonríen los caballos. No supe qué decir. Qué hacer. Traté de abrazarla, ella rodeó mi cuello con un brazo.

—Hola, cómo estás, …hijo.

El "hijo" también se le atragantó.

—Bien, estoy bien.

Noté que su mano izquierda estaba cubierta por un guante. Y también que esa mano y ese brazo no se movían; ella, perspicaz y atenta a mis observaciones, respondió una pregunta que no hice:

—Polio, me dio polio siendo niña.

La imaginé cargándome con su único brazo, dándome de comer; me pregunté cómo cambiaría un pañal, cómo hizo para vestirme. Recordé la expresión "dar partido" que en el argot del juego es dar ventaja. "Con un brazo y una mano de menos".

Abrió la nevera del minibar, me ofreció una cerveza. Sacó otra para ella, las abrió con su sola mano en un acto ejecutado con seguridad y destreza. Las vertió en los vasos. Luego me extendió uno, tomó el otro y dijo levantándolo:

—Salud. —Chocamos los vasos y el cristal produjo un sonido largo y hondo, menos agudo que el de las copas, algo de gong había en ese sonido que celebraba el encuentro. Sonreí.

Luego sobrevinieron mutuas torpezas. La primera fue mía:

—¿Cómo están mis hermanos?

—Ni sé. Ese no es el tema de esta reunión —dijo. El tono con que habló era de ejecutiva de cuenta. Repetí, como escogiéndolas, las peores palabras:

—¿Reunión? ¿Tema?

Sucedió un silencio largo. Apuré la cerveza. Miré la habitación; era una *suite* con sala de estar. La luz de las lámparas de tono amarillo daba calidez, pero los muebles impersonales la hacían corriente. Como cualquier sala, estábamos sentados frente a frente.

—Ni música, ni líquido —dije.

Deposité el vaso en la mesa. Me elevé. Vinieron a la memoria los ojos rojos de los conejos, las noches en el camión de las mudanzas. Las mudanzas. Isaura Reina, las horas de soledad en las imprentas. Los días del hambre. Al fin ella dijo:

—Bueno, hijo, hay mucho de qué hablar, creo que hay cosas de tu padre que debes saber.

La interrumpí:

—Yo de mi padre sé más que tú. Sé suficiente. Ese tampoco es el tema de esta reunión.

Se enardeció, por un momento creí que iba a vaciar su arsenal, pero se contuvo. Entonces luego de otro tenso silencio y en tono de revelación contó que entre mi hermana mayor y yo había nacido una niña. Una niña que murió al nacer. Una niña que se llamaría Olga si nacía mujer y José si nacía hombre.

En Cali la marea alta del aire sucede todas las tardes a las cinco y dura hasta la noche. Sentí la embriaguez grata de esa brisa fresca como un bautismo eólico, como una incesante caricia. Al final agregó:

—Fuiste el más esperado. Nunca me cuidé ni me cuidaron tanto.

Por un momento sentí que ese medio abrazo era más que la mitad de la felicidad.

Nos relajamos. Todo parecía fácil. Alboreaba en mí un sentimiento nuevo. La certeza de haber sido cuidadosamente deseado me inauguraba en el mundo de los hijos. Algo benéfico circulaba por la sangre. Algo unía a mi padre y a mi madre de manera amorosa. Algo podía salvarme del escéptico rumbo, de la ruda soledad. De la oscura sinrazón. Entonces ocurrió: sonó el teléfono. Ella respondió:

—Sí, dígales que ya bajo, gracias.

Me miró y dijo:

—Tengo una comida con los de Centrum.

Tomó su cartera y salimos. En el ascensor me miré y la miré a ella reflejados en el espejo. Ninguna semejanza. Me sentía humillado. Pregunté:

—¿De qué murió Olga?

—No sé, nunca se supo.

Las puertas se abrieron. En el *lobby* había dos mujeres esperándola. Se acercaron a saludar.

—Les presento a mi hijo mayor.

Sonreí con esfuerzo, con desgano.

—Hijo, seguimos en contacto. Me extendió su mejilla y la besé como si fuera un acto rutinario.

—Adiós, mamá —ese mamá salió natural y el adiós también; subrayados, eso sí, por el doble sentido que daba la literalidad de la oración. Alelado caminé hacia un parque; me derrumbé en una banca al lado de un vagabundo. El viento había cesado.

—Regáleme algo —dijo el vagabundo.

Me quité la chaqueta y se la di. Me fui a casa. Desde cuando era niño y me orinaba en la cama no había tenido más insomnios. Esa noche no pude dormir. Se me ocurrieron frases como: "Ser un ateo recalcitrante y tener una esposa que se llama María del Rosario". "La vida te da sorpresas: tengo una madre que parece una madrastra y una madrastra que parece una madre". "La ejecutiva me ha ejecutado". Escribí en el diario: "Hoy conocí a mi mamá, quedamos mutuamente decepcionados". "Morir al nacer es la fórmula de la felicidad".

Durante el largo insomnio recordé algo que mi padre dijo alguna vez: "La belleza como objeto visible era, para Platón, el primer paso en la dirección del bien y la verdad; el comienzo de una marcha ascendente que conducía del mundo de los sentidos al mundo de las ideas. Consideraba que la belleza es de por sí educativa; por ello recomendaba rodear a los jóvenes de objetos bellos para que se sintieran como habitantes de un lugar donde soplan las brisas de un mundo feliz".

En los torneos de ajedrez había un premio a la "belleza". Se trataba de partidas que contenían sacrificios y elegancia. En las que nada era obvio, partidas llenas de complejidad en las que la lógica y el valor común de las piezas estaban subvertidos y se lograba el triunfo después de grandes riesgos, muchas veces incluían sacrificios de dama. Jugué muchas veces buscando ese premio. Al fin me dormí, soñé con la fealdad de mi madre.

Después de aquel encuentro me di a la rumba redonda: tiempo de noches que giraban sobre sí mismas como discos de vinilo después de la última canción, crass, crass, crass; vigilia ardiente. Llegué a la línea de sombra del alcohol, a la frontera entre la belleza y la oscuridad. En el diario hay algo sobre aquello:

Delirium tremens

Una ebriedad saludable me conduce. Huyo. Veo un tulipán africano: flores como llamas. Agua en cojines de felpa dorada para apagar mis incendios. Siento que algo hermoso ha ocurrido. Una cerveza no viene mal para asistir al espectáculo, una lenta y sabrosa cerveza. Mientras la ardida ciudad reverbera, aquí hay una frescura que mueve las ropas y me estremece de gozo. Ayer, cuando la fiesta se juntaba con el amanecer, fuimos al solar a "escuchar el rumor que deja el azúcar al subir a las naranjas". En los árboles, colores pendientes, cardúmenes danzando en la fragilidad del aire. Oigo los trenes invisibles donde duerme el niño que fui. La lluvia: luz abatida en la tarde mansa. Cuando escampó salí a buscar algo para beber. Pasé por una calle y los oí. Eran canarios, sus gorjeos: gargaritas de menta, alegría delgada de silbos amarillos. Su canto me hizo creer que era yo el que estaba fuera de la jaula.

Ayer visité a Eugenio, allí todo era geometría: las dos líneas blancas paralelas sobre el espejo oval, el vaso cuadrado para el whisky, los cubos de hielo, la doble parábola de las nalgas de su novia dormida, mi erección cilíndrica, la espiral de mi vergüenza.

Sobre la calle me vi en un charco que dejó la lluvia, de pronto, una última gota tocó el cristal del agua y la nítida arquitectura de la plaza tembló. Yo también.

Nunca supe si la belleza irreal de las formas ingresando en la sombra, transformadas por la primera oscuridad era cierta, o era el ron haciendo de las suyas.

Nunca había vivido aquello de tener la punta del viento en las manos; la estrella y su cola danzaban en el aire y obedecían al mínimo movimiento de mis manos, y como siempre en el momento más feliz el cordel reventó.

Ahora este olor... Recuerdo la última vez que me echaste: bebía ginebra. Mientras te escuchaba me consolé agitando el vaso para oír tintinear el hielo contra el cristal: música. Música de fondo.

Ríe, ríe del amor que tengo, que me lleva, en él huyo y me conforto, es una invención para poder alcanzar el día que viene, "la noche que llega", es la hebra de luz que atraviesa la penumbra de la sala de cine y produce la película. No puedo ir a buscarte, los médicos están acechando con sus redes para redimirme. Apartan de mi vista, de mi gusto, el delicado ámbar del tequila y su sal, la chispa líquida del aguardiente, los cascos de naranja, las lentas burbujas y la corona blanca. Me quitan todo lo que me ayuda a vivir y a morir al tiempo.

Si consigo llegar "sin pasaje a tu puerta", escóndeme. Cántame una canción nueva. Déjame verte dormir, pon tu mano en mi pecho para que él te diga lo que soy. Escucha la música de mi tambor interior. Despierto: en la ventana empañada por el frío, veo el corazón que dibujó tu mano. Te has ido. En mi pecho algo se empaña, entonces escribo: "Nada mejor que el papel para limpiar los vidrios".

27

Una vez, por los años de las espirales de los alambiques, me hospitalizaron por una taquicardia. Muchos días de líneas blancas, de aguardiente Blanco, de ojos rojos. Era el tercer día internado en la clínica. Desperté en la mitad de la noche, sentí una serenidad nueva, escuchaba la máquina que medía los latidos de mi corazón. La música de la vida. Allí en medio de la penumbra, a la luz de los monitores, alguien posó su mano sobre mi pecho, sentí que esa mano ya había estado sobre mí. Busqué el rostro, lo vislumbré, era familiar; me miraba con un amor triste, con una paz que me devolvió el deseo de seguir. Los miedos me abandonaban. La mano seguía en mí. El rostro se inclinó y me dijo al oído:

—No bebas más, deja que la vida te dé lo que te corresponde.

Alcancé a sentir un aliento conocido. Y se marchó. Cuando me dieron el alta me entregaron los medicamentos, la historia clínica y una bolsa de papel. Adentro de la bolsa había un tomate maduro muy rojo y una nota: *Para José de Eugenia. Vive, José, y nunca olvides la noche de los tomates.*

Esa tarde, en la colina de San Antonio mordí el tomate; sentí su olor acuoso, algo dulce, tintado de ácido se encaminó saludable "dientes abajo". La sangre de la fruta entraba en mí remediando, tal vez inaugurando, una orfandad nueva.

Sobriedad. Aprendí a beber hasta estar sobrio, aprendí que la sobriedad es otra ebriedad.

Un amigo de mi padre llamó a contarme que algo andaba mal, que papá había preguntado por mí. Que necesitaba hablar conmigo. Fui a buscarlo a la universidad. Mientras caminábamos bajo los árboles de mango, contó que lo habían amenazado. Creí que era una amenaza como la que habían recibido todos los defensores de derechos humanos o que tenía que ver con que estaba tratando de convencer a los del M-19 para que se desmovilizaran y entraran a la vida civil. Había subido varias veces al campamento de Santo Domingo en el Cauca, donde estaban concentrados para los diálogos de paz, allí les daba charlas y razones para dejar las armas. Pero no, su pesadumbre era porque la amenaza provenía de milicianos de la guerrilla del ELN. La misma en la que perdió la vida el padre Camilo Torres.

Se quedó mirando el campo, había varios mangos pintones caídos sobre el prado.

—No se han alcanzado a madurar y se caen del árbol —dijo, como se dicen los pensamientos.

Unos estudiantes lo saludaron, él sonrió. Luego dijo:

—Estaba esperando una amenaza, sí, como todos los que trabajamos defendiendo los derechos humanos. Si hubiera venido de donde la esperaba me habría sentido hasta bien: amenazaron y asesinaron a Héctor Abad. A Carlos Gaviria le tocó irse, pero una amenaza de la guerrilla a un hombre de izquierda es algo indigno, casi ridículo.

—¿Y qué vas a hacer?

—Me voy a ir, por eso te busqué.

—¿Y cuánto tiempo te vas?, ¿cuándo vas a regresar?

—No sé —se quedó como buscando las mejores palabras—, te quería decir que, a pesar de todo lo que nos ha distanciado, siempre estás presente. Nuestra vida no ha sido… Vivir no es fácil cuando la vida se asume como una…

La voz se le apagó atragantada por el sentimiento, para no llorar, guardó silencio. Me pasó el brazo por el hombro.

—Vivir es lo único, papá. ¿Por qué no te descargas de tanto asunto ajeno? La paz es la gran causa, pero si buscarla te va a costar la vida, termina siendo un absurdo.

—Sí, tal vez sea así, pero ya llevo mucho tiempo en este camino y no creo que sea hora de devolverme. Tampoco soy dado a heroísmos. Pienso que la guerra nos está quitando todo lo que podemos ser.

—¿Te vas a ir de Colombia?

—No quisiera… pero… no es para hablar de eso que… déjame decirte algo, hay cosas de las que nunca hemos hablado que nos pueden acercar, quiero que sepas que para mí la poesía es más importante que todo, que la filosofía y que la política —se quedó en silenció encendió un cigarrillo y continuó—: en ella hay una manera de vivir con intensidad, con sentido.

—Todas las formas de vivir son respetables, con filosofía o sin ella, con poesía o sin ella, conozco gente maravillosa que lo único que sabe son canciones y refranes y son excelentes personas. Y además son felices.

Se detuvo. Luego preguntó:

—Tú escribes, ¿cierto?

—Sí.

—Me gustaría leer lo que escribes.

—Escribo para mí, nadie ha leído lo que escribo.

—Eso está bien, pero me daría alegría leerte.

—Voy a mirar qué puedo darte a leer. No sé si entenderás, escribo en libretas y tengo letra de niño de tercero de primaria.

—Lo que tienes siempre es una pulla para mí.

Reí. Seguimos caminando en silencio. Algo que siempre quise saber vino a mi memoria:

—Tengo hace rato una pregunta para hacerte.

—Dime.

—¿Por qué me circuncidaron?

— Un médico nos recomendó hacerlo, porque era sano.

—Y por qué solo a mí.

—No sé.

—José y circuncidado. Es raro, ¿no?

—No es nada de eso. No pienses en esas cosas.

—O tal vez lo hicieron en honor a aquel libro que comienza: "Hondo es el pozo del pasado ¿no sería mejor decir que es insondable?".

—Es el comienzo de *José y sus hermanos*.

—Tal vez tenga que ver. Recuerdas eso de "Tú serás un destino". O aquello que decía Raquel: "Dios gozó de mí y me dio un hijo".

—Es un libro hermoso.

—¿La biblia?

—El *José*. Aunque en cuanto a la historia de Jacob y José, son el mismo libro.

—Un ateo llama a su hijo José y lo circuncida. Parece un acertijo. Un enigma.

—Tal vez. Bueno… sólo quería decirte que me voy y que te quiero.

—Gracias, papá, espero que el dios de los ateos te bendiga.

Le dio risa.

—Eso sí hace difícil vivir. No creer es duro. Perdemos nuestra esencia. Perder la ritualidad, lo que reúne, lo que permite ser comunidad.

—Sí, no creer es perder lo que nos ayuda a los ingenuos.

—Creo en ti, quiero que lo sepas.

Unas garzas levantaron el vuelo, remontaron el aire, elegantes y blanquísimas, como si fueran para una boda.

Le di un beso en la mejilla. En la frontera de la barba con la piel lozana.

—No te olvides del encargo.

Estuvo un año largo fuera. A su regreso lo vi varias veces; parecía como si una gran decepción se le hubiera metido adentro. Habló de la matanza de los candidatos de la izquierda a la presidencia, de Pardo Leal, de Bernardo Jaramillo y de su amigo José Antequera. Al final le pregunté:

—¿Negros nubarrones se ciernen en el firmamento?

—Ya no son nubarrones, estamos en plena tempestad. Una tempestad que nos dañará, nos cerrará las puertas. Los asesinatos se volvieron rutina y cultura.

Caminamos hacia el apartamento en que vivía cerca de la universidad. En el camino me invitó a tomar una cerveza en una tienda. Hablamos de los libros que estaba leyendo. De los tres cuentos de Flaubert. Felicité era su personaje preferido. Habló de un ensayo filosófico que pensaba escribir y del cual recuerdo el nombre: *De las falsas oposiciones y las diferencias efectivas*. Intentaba combatir el fanatismo y la polarización, buscaba que la conversación y la discusión encontraran un terreno en el que las ideas se confrontaran reconociendo la diferencia como un valor en sí mismo. Que, por encima de las diferencias, se respetaran el rigor y la lógica de la argumentación.

Al final de la tarde, luego de hablar de lo que sucedía en Europa, dijo:

—Hay algo que recordé en estos días pensando en ti.

Encendió un lento cigarrillo y luego, cuando el humo estuvo dentro de su humanidad, continuó:

—Cuando era un muchacho de dieciocho años viajé a París con Óscar Hernández. Una noche estábamos en una café con un pintor peruano; nos contó que a dos calles de allí tenía su estudio Pablo Picasso. Le pedimos que nos llevara, queríamos conocerlo. Cuando llegamos al lugar, una casa de dos pisos, el peruano nos señaló una ventana, dijo: es allí. Nos quedamos mirando la cortina iluminada del estudio de Picasso. Ya íbamos a timbrar cuando noté que algo se movía sobre la cortina. Era la sombra de Picasso, vimos la mano y el pincel de Picasso moverse, estaba pintando, parecían los movimientos de un director de orquesta. La luz convertida en música, en sombra. Y entonces fue suficiente. Ya no quería conocer a Picasso, esa imagen y lo que significaba era más poderosa que todo. Siempre he guardado ese recuerdo como un tesoro. Contigo me sucede que no sé qué escribes, lo que quiera que sea, también es suficiente para mí.

Seguimos hablando. Lo que decía tenía el tono de una despedida. Lo agobiaba el mundo, estaba complacido por la caída del muro de Berlín ocurrida un mes atrás:

—Lo que lamento es que el capitalismo es el que va a cobrar esta victoria. Las libertades no ganaron, ganaron la derecha europea y la norteamericana —dijo sentencioso.

Pasamos por un garaje en el que alquilaban videos. Vimos en su apartamento, en Betamax, *The Wall*, de Alan Parker. Quedó deslumbrado, paró varias veces la película. Al final, lleno de gratitud, dijo:

—Al lado de esto, los Beatles son baladitas.

Se quedó pensando un rato. Luego agregó:

—Nada más hermoso que la belleza de la tristeza. La belleza que logra el dolor es salvadora. ¡Qué música tan triste y tan luminosa! Es la sinfonía del viejo mundo. Un himno a la tristeza a la altura del *Himno a la alegría*.

Silencio.

—Me pregunto cuánta belleza habrá sido editada. Suprimida. Cuánto acto de creación se elimina para dar el tamaño a la obra. ¿A dónde irá esa belleza?

—Debe existir un limbo para el arte que no pudo ser.

—O un purgatorio.

—Dejar de escribir lo que merecía ser escrito es equivalente a olvidar lo que merecía ser recordado.

Silencio.

—¿Crees que lo que viviste esa noche frente a la cortina de Picasso es arte?

—Lo que vivimos puede tener tanto o más valor que el arte, no importa si esa experiencia sea sólo para quien la vive.

—Hay cosas que nos suceden que son como milagros llenos de sentido.

Recordé que una vez, cuando estaba por irme de la casa, se dañó un grifo del agua en un baño. Papá no sabía qué hacer. Se quedó mirando el agua que salía, parecía estar pensando en algo muy lejano; le pregunté que qué pasaba, que qué íbamos a hacer. Entonces fue a la biblioteca, trajo un libro que estaba leyendo y dijo:

—Mira, qué extraña casualidad, estaba leyendo este pasaje cuando escuché el goteo del agua:

Lo que le pido a la ducha es sobre todo que me confirme como amo del agua, como perteneciente a esa parte de la humanidad que ha heredado de los esfuerzos de generaciones la prerrogativa de llamar el agua para que le llegue con la simple rotación de un grifo.

—¿Y eso de quién es?

—De Ítalo Calvino.

—Hay que arreglar la llave —dije tratando de que volviera a la realidad.

—Un grifo debería ser el símbolo de la cultura, de la modernidad. ¿No te parece una belleza lo que acaba de ocurrir?

Fui a cerrar la llave de paso.

28

Papá murió de un infarto. Acababa de cumplir cincuenta y cinco años. Y también, dos semanas antes de morir, cumplió los requisitos de edad para su anhelada pensión, la que le permitiría dedicarse a escribir. No alcanzó a recibir ni una sola mesada.

Al otro día de su muerte volví a tener noticias de mamá, envió un protocolario telegrama de condolencia: "Los acompaño en este duro momento".

Siempre quise irme de la casa paterna, lo hice en cuanto pude, pero ahora, muerto papá, sentí que ya no tenía casa. La suya era la única casa posible, supe, o tuve la ilusión, de que la casa de mi padre siempre sería mi casa. Incluso me sorprendí varias veces diciendo "en mi casa", refiriéndome a la suya, aunque hacía veinte años me había marchado de ella. Dolió su muerte como nada había dolido.

Escribí una oración:

Padre nuestro que estás en los versos. Eres el fugitivo victorioso; evitando el éxito ganabas, tu estrategia no era el ataque, tampoco la defensa, leer para conversar, esa era tu cuestión. Huyendo del poder fuiste poderoso.

Desde tu garita míranos, recuerda el río, la yegua pastando, el tintineo del hielo acompañando tu soledad, desde tu colina gratuitamente goza, goza ahora que te vas. Cuida de nosotros ahora que puedes. Bendícenos así no creas, así la razón no te permita, bendícenos. Tu pecho es pequeño para el inmenso corazón. Tantísima angustia, "piscinas de vodka", humaredas de Kool, y lo más rudo: creer en la razón, tu gran religión, tu deidad. Religión sin cielo. Creer que si algo es explicable es soportable. Que si comprensible, perdonable, y luego no comprender. No late más, no late tu corazón iluso, generoso corazón.

Padre nuestro que estás en los versos cabalgando sobre sueños, padre del habla, príncipe de las palabras. Breve tu vida. Contados los latidos. ¿Latirás desde el faro donde llamas las naves a la tempestad de la conciencia, a la furia de la verdad? ¿Las ideas invitan a bailar a los actos la danza imposible de la dichosa edad, de los tiempos dichosos? Abre tus ojos. Mira los nuevos templos. Las varas de cucaña. Rotos ya los remos sopla tu sudario. Guía la barca a las montañas. Terminó tu deriva. Bajo la serena majestad de los árboles habrá un lugar para pasar la tarde inconclusa de tu vida. Recostado en tu ser el tiempo duerme. Más allá del fin, siento placer de estar aquí, sin razón, de seguir siendo.

Buscabas un país en donde existiera el libre albedrío, en el que se educara a los niños permitiendo que fueran lo que quisieran ser. Ese país que soñabas, en el que hablar sería un arte, en el que la amistad también sería un arte, ese país en que te empeñaste, hacia el que ibas, cada vez, a cada paso que dabas, estaba más lejano. Y no te importó, y seguiste, y brindaste por él hasta el último día.

Tuve un sueño:

Llovía, la biblioteca se había inundado. No tenías en donde guarecerte. No podías saber. Anegados por las palabras que la inundación desordenó, tratábamos de escucharte, de buscar tus palabras en casetes viejos que flotaban en la corriente para saber de ti, para escuchar tu voz. El agua era salada y las palabras vivían en ellas. Tus palabras, tu voz que habría entonces que convertir en grafías. Se perdía la canción de tu voz y nos quedaban las letras, mis hermanos decían: las letras no son la canción. ¿Dónde está la música? Montaba en un tren para buscar tus palabras para ordenarlas, para tenerte otra vez.

Perdiste a tu padre cuando eras un niño de brazos. Margarita guardó su biblioteca para que en ella pudieras saber quién era, pudieras rastrear en sus libros al padre que no tuviste. Mientras crecías, los libros te esperaban, guardando los enigmas, los secretos, te miraron gatear, dar los pasos iniciales, balbucear las primeras sílabas. Articular las primeras palabras. Agua fue la primera, contó Margarita. Conocer, intuir, buscar las notas, los subrayados, las huellas de ese lector. Tu padre desde los márgenes de sus libros, sin saberlo, te habló. Supiste que esos libros eran todo lo que podías saber de tu padre y te diste a ellos. Te abrazaste a ellos, los leíste minuciosamente, y los libros se dieron a ti. Y te diste a ese camino. A esa senda perdida. Viviste al margen.

No alcanzaste a leer nada de lo que había escrito. Nunca te envié lo prometido. Eso duele más que nada. Me sentí culpable, culpable de haberte hecho sufrir. Después percibí que todos nos sentíamos culpables, de una u otra manera, por una u otra razón. La culpa compartida aliviana, permite.

Miro por la ventana y contemplo la prisa de la gente. La velocidad asociada a la finitud del mundo, de la especie humana, de la vida toda. Esa prisa ahora se ha detenido por la quietud que me produce tu muerte. Pienso: ¿Qué será de la belleza sin testigos de esa belleza? ¿Qué de los argumentos, de las historias, del amor que hubo en el mundo? Vacío y silencio, vacío y silencio. La soledad es otra forma del tiempo. Reloj sin punteros. Tictac, tictac, tictac. Silencio. No te mostré lo que escribía y lloro por eso. Por no haberte dado, como pediste, esa única alegría.

Miro la tarde de esta ciudad: las hojas volando arriadas por la brisa, levantadas otra vez al aire, libres del vínculo del árbol, de la atadura originaria, ahora en la ebria sinrazón del viento gozan un instante de la aventura aérea. Gozaré como ellas del instante que me quede.

Una vez, siendo un niño, papá me enseñó *La estrella de la tarde*, un poema de Barba Jacob.

Lo copió en un cuaderno y lo aprendí tal cual:

> *Un monte azul, un pájaro viajero,*
> *un roble, una llanura,*
> *un niño, una canción.*
> *Bórranse los senderos en la sombra;*
> *el corazón del monte está cerrado;*
> *el perro del pastor lúgubremente*
> *aúlla entre las hierbas del vallado.*
> *Apoya tu fatiga en mi fatiga,*
> *que yo mi pena apoyaré en tu pena,*
> *y llora, como yo, por el influjo*
> *de la tarde translúcida y serena.*
> *Tú, que sobre las hierbas reposabas*
> *de cara al cielo, dices de repente:*
> *La estrella de la tarde está encendida.*
> *Ávidos buscan su fulgor mis ojos*
> *a través de la bruma, y ascendemos*
> *por el hilo de luz…*
> *Un grillo canta*
> *en los repuestos musgos del cercado,*
> *y un incendio de estrellas se levanta*

en tu pecho, tranquilo ante la tarde,
y en mi pecho en la tarde sosegado.

Después descubrí que el poema era mucho más largo, había suprimido más de la mitad: de doscientas noventa y ocho palabras dejó ciento treinta y tres. Suprimió ciento sesenta y cinco. Cuando descubrí aquello ya no vivía con él. Al comienzo me pareció un atrevimiento, pero luego entendí la tremenda y reveladora lección de poesía y de escritura que me había dado.

Alguien llamó un día y pidió un perfil tuyo. Empieza así:

La voz

Tomaba el libro con sus grandes manos y buscaba parsimonioso la página. Su voz era clara, sin acentos regionales, de un registro bajo sin llegar a ser grave, un tanto solemne aunque salpicada de vivacidad, como si los fogonazos de alegría que le producía la lectura y las secretas emociones consecuentes le dieran ese entusiasmo contagioso, en ocasiones festivo. Su dicción precisa respetaba la música de las palabras, lo que daba pulcritud fónica a sus oraciones. Al escucharlo sentíamos tranquilidad, había algo armónico y cierto en su voz. Sus palabras parecían buscar que nos conmoviéramos como él, seducían, invitaban a la comprensión y al gozo del texto que nos leía. Sabía que la literatura es música, y elegía muy bien lo que nos ofrecía. Sin atropellar el texto, su voz se dejaba ir por los ritmos y las pausas, alargaba un poco los silencios, respiraba, contenía su entusiasmo para que la lectura no se contaminara, y así construía una experiencia grata, casi siempre inolvidable.

En la cordialidad o en la discordia, su voz era la herramienta para mantener los hilos tensos, para dar a sus palabras el registro de mayor eficacia y pertinencia. Tal vez la naturalidad, la espontánea forma de sus énfasis y el brillo de su entusiasmo al querer hacer de otros sus pasiones creaban los colores, la música de su voz.

A veces también cantaba, lo hacía en el prolongadísimo baño matinal; cantaba fragmentos de canciones, trocaba sus letras, interrumpía la canción y la recuperaba según su capricho o su jabonosa circunstancia; entre los sonidos del agua y el ajetreo y los jadeos del baño escuchábamos: *En la doliente sombra de mi cuarto al esperar/ sus pasos que quizás no volverán,* (Silencio) */ a veces me parece que ella detiene su andar / sin atreverse luego a entrar...*

Otras veces, en lo más alto de la fiesta, abrazado a sus amigos, cantaba. Nosotros despertábamos y reconocíamos su voz entre un coro de voces desconocidas; entonces salíamos sigilosos de nuestras camas para espiar aquella alegría inaudita; veíamos a otro padre: uno alborozado que poseído por una extraña felicidad cantaba con una voz más poderosa de lo habitual.

Los ojos

Eran grandes sus ojos, de un tono marrón claro, la luz parecía venir de adentro de ellos. Los párpados adormilados les conferían cierto aspecto de ensoñación, de ingenuidad tímida. Cuando miraba había curiosidad, bondad y algo de rigor, de firme serenidad. Podía reír con ellos a pesar de las gafas que los enmarcaban y que los hacían parecer aún más grandes. Cuando se las quitaba sentíamos que una bondad repentina se apoderaba de él, y todo su rostro se hacía mejor.

En ocasiones, mientras leía o conversaba, se conmovía y la luz habitual de sus ojos se encendía, visitada por un repentino brillo líquido que disimulaba retirándose un momento o simplemente bajando la persiana entreabierta de sus párpados.

Nos contaba lo que había visto en un viaje lejano a Europa. Mientras recordaba sus ojos parecían retraerse y buscar cosas, detalles de algo visto para contárnoslo. Se quedaba por largos momentos abstraído, levantaba un poco la cabeza, los ojos apuntando hacia un distante horizonte, hasta que algo lograba satisfacerlo, como si hubiese atrapado un recuerdo perdido, y entonces regresaba y seguía narrando.

Las manos

Blancas, pulcras, teñidas suavemente por el rojo de la sangre. Cuando daba la mano lo hacía con firmeza, de manera completa y afectuosa. Recuerdo que tenía el vicio de enrollar papelitos y hacer bolitas de papel. Lo hacía sin darse cuenta, mientras pensaba: tomaba el papelito entre su índice derecho y su pulgar y de manera lenta iba armando la bolita con las yemas de sus dedos, al final las lanzaba de un papirotazo hacia la papelera o hacia cualquier parte. Era una manera de ayudarse a pensar, de redondear las ideas.

En cada uña tenía una medialuna, lo que las hacía ver un poco decoradas; cuando le preguntamos por qué las tenía nos dijo: "Es por mis ancestros insomnes, son la huella de sus noches en vela a la luz de la luna". Luego de estas ocurrencias reía para anunciarnos que era una invención suya. En esas ocasiones se le sentía sereno, confortado: se volvían infantiles sus modos, su manera de sorprenderse con su propia ocurrencia.

La memoria

Era inmensa la despensa de su memoria. La ejercitaba, jugaba con ella y en ocasiones alardeaba demostrando su vastedad. Mucho más tarde, en sus clases, los alumnos se quedaban perplejos al observar cómo citaba y refería los textos que complementaban su exposición sin recurrir a los libros: sacándolos de la gran despensa de su memoria.

Un día le pregunté por qué tanta memoria; entonces me dijo: "Porque soy lento, a más velocidad menos memoria", sonrió y luego de una pausa continuó: "Eso es solo parte del asunto, la verdad es que la memoria no es un don; es una manera de relacionarse con lo que a uno le interesa, es la intensidad con la que se conecta lo que se vive con lo que se piensa, con lo que se siente, con lo que se quiere, con lo que se sabe, con lo que se lee y con lo que se desea hacer. Así es difícil olvidar".

29

Cinco meses después de la muerte de papá murió la abuela Margarita. Alguien de la familia usó para comentar su muerte aquel lugar común descomunal: "Él se la llevó".

La abuela tan dada a hablar de los orígenes a investigarlos, a enrostrarlos, nunca habló del suyo.

Pude averiguar que su padre, Gonzalo Velásquez, era constructor. Uno de los pocos constructores de su época que dio trabajo a los prisioneros de la cárcel municipal en sus obras. Ayudaba a las familias de los reclusos pagándoles a sus mujeres o a sus madres lo que se ganaban los prisioneros albañiles. Ese era el trato. La tía Luisa contó que un día en la inauguración de un edificio en la avenida La Playa, don Gonzalo, después de muchas bregas, logró traer a los prisioneros y a sus familias a la inauguración de la obra. Luisa, que asistió al acto con todas sus hermanas, guardaba unas palabras manuscritas que intentaban ser un discurso:

Respetados señores obreros. El mal es muchas veces la única salida cuando se le cierran las puertas al bien. Cada ladrillo y cada piedra de este edificio son sagrados porque los pusieron allí ustedes. En esta obra son libres. Al contemplarla terminada, quiero que sepan que su vida no fue en vano.

Espero que cuando salgan de pagar lo que estén pagando,
tengan un oficio y sepan lo que se siente cuando el trabajo es
la suma de muchos brazos y de muchos días. Todos somos
autores de esta obra...

Lo que seguía era ilegible, tal vez un tinto corrió la tinta.

Gonzalo murió al caer de un andamio sin haber logrado dejar una casa propia a sus cinco hijas. Su esposa, Francisca Molina, las metió a estudiar al Instituto de Señoritas, en donde se graduaron todas en *Instrucción Suficiente*.

Allí les enseñaron a leer, a escribir y las operaciones básicas de matemáticas. La ortografía la aprendían de memoria en unos poemas del gramático y expresidente Marroquín. Cuando las asaltaba una duda repetían el poema de la letra y allí estaba la respuesta: Con v van aluvión, mover, aleve, desvanecer, agravio y atavío, maravedí, desvencijar, relieve. Aseverar, averno, desvarío, Aviar, úvea, averiguar, ávido, larva, avispa avilantez, avizor, parva... O llevan la jota: tejemaneje, objeto, hereje, dije, ejercer, ejecutorias, apoplejía, jergón, bujía, vejiga, ujier.

También aprendieron a coser, caligrafía, buenas costumbres de higiene, comidas y postres caseros, primeros auxilios, fechas patrias, retruécanos y juegos de palabras, buenos modales y urbanidad.

Tres semanas después de la muerte de Margarita, Magdalena me entregó unos regalos que había dejado para mí: un libro del abuelo que leyeron juntos y que conservó toda la vida, se llama *El collar de la paloma*, de Abén Házam, un filósofo que vivió en la España ocupada por los árabes.

Abro al azar, y leo:

Tiene el amor señales que persigue el hombre avisado y que puede llegar a descubrir un observador inteligente. Es la primera de todas la insistencia de la mirada, porque es el ojo puerta abierta del alma, que deja ver sus interioridades, revela su intimidad y delata sus secretos. Así, verás que cuando mira el amante, no pestañea y que muda su mirada adonde el amado se muda, se retira adonde él se retira, y se inclina adonde él se inclina, como el camaleón con el sol… Otras señales de amor son: la afición a la soledad; la preferencia por el retiro, y la extenuación del cuerpo, cuando no hay en él fiebre ni dolor que le impida ir de un lado para otro ni moverse. El modo de andar es un indicio que no miente y una prueba que no falla de la languidez latente en el alma.

En la caja donde guardaba todo lo que se topaba sobre el abuelo encontré un sobre con un rótulo: Última carta de Gardel.

Bogotá 20 de junio de 1935

Querido Armando: tuve el gusto de encontrar en el consulado cuatro cartas tuyas y te imaginarás con qué ansiedad me mandé tus relatos Las noticias que enviaste sobre El día que me quieras *me produjeron mucho placer. Yo vi la película aquí en Bogotá, en privado, y Paramount está loca con el film. Con decirte que van a lanzarlo en cinco teatros al mismo tiempo, en una ciudad donde apenas hay quince cines. La Paramount de Nueva York me mandó un cable diciendo que era mi mejor película.*

La gira va rumbo a su fin, ya es hora. La semana que viene salgo para Panamá y en los primeros días de Julio estaré en La Habana donde te pido me escribas. Aquí en Colombia la plata no abunda, pero de todos modos los teatros se llenan. El recibimiento en Bogotá fue increíble. Al llegar el avión la gente se precipitó sobre él y el piloto tuvo

que dar media vuelta y rumbear hacia otro hangar. La tragedia se produjo lo mismo. A un turro que tengo empleado
le robaron una cartera con unos mangos de mi pertenencia.
Ahora vamos viajando en avión, ya te imaginarás el fierrito
de los guitarristas, elogian la comodidad y la rapidez del
avión, pero no ven la hora de largar.

Hay que ver las risas de conejo de todo el personal
cuando se meten a los trimotores. Saludes a todos los tuyos,
a los buenos amigos. Antes de salir para Panamá te escribiré
otra vez. Espero noticias tuyas en Cuba. Un gran abrazo
querido viejo

CARLOS GARDEL

Pienso en lo que decía la abuela: "La vida es el único lugar.
La única riqueza. Goza, y ten el valor de no ser trascendental".
No pude hablar con mi abuela antes de su muerte. Quedaron
muchas palabras pendientes.

Magdalena también me dio, después de rogarle, el diccionario de costura que me gustaba leer en casa de Margarita. Me
trae de nuevo su mundo, aquello de lo que sabía y hablaba con
sus hermosas amigas:

> **Chambray:** tela blanqueada de algodón de hilos muy
> finos que toma su nombre de la ciudad francesa en
> donde empezó a fabricarse. Se usa para lencería. Es la
> tela del deseo.

> **Cretona:** del apellido francés "Cretonne", primer fabri-
> cante de este tejido. Es una tela estampada de algodón.
> Se utiliza en vestidos sencillos para el disfrute del campo
> y la playa.

Damasco: tejido de algodón y lana, que combina hilos formando un rico estampado en relieve. Hay telas adamascadas que son más ricas porque se realizan con seda. Las faldas amplias quedan muy bien con este tipo de tela.

Dupioni de seda: seda natural con textura y brillo; al ser seda salvaje se arruga, sin embargo ahí radica su elegancia.

Fieltro: tela compuesta de fibras dispuestas en todas direcciones y adheridas entre sí. Con ella se hacen, filtros, también los martillos y sordinas de los pianos.

Tul: tejido fino y etéreo hecho de seda y de algodón. Es el tejido de los velos de novia y de las faldas vaporosas por excelencia.

Shifón: tejido de textura muy suave; generalmente de seda, algodón, o terciopelo. Le da una caída muy rica a los vestidos lánguidos.

Accesorios:

Broches: mecanismo conformado por un macho y una hembra que al unirse cierran la prenda.

Copas: piezas que se utilizan para ahormar el busto.

En fin…

Al final había unas frases que le oí repetir muchas veces:

Nunca se debe estar ni demasiado, ni poco vestido con un vestido.

La elegancia es la única belleza que nunca se marchita.

La moda no existe. La moda está en el aire, transportada por el viento. Se percibe. La moda está en el cielo, en la calle.

El estilo es una forma de decir quién eres, sin hablar.

Estuve mirando la gran despensa de los botones. Una caja de madera que al abrirla ofrecía cincuenta compartimentos. Me gustaba meter la mano y mover los botones, escuchar su música, sentir sus distintas densidades, observar con atención sus colores, sus formas, sus tamaños. Recordé cuando Margarita los ponía sobre una solapa, o en el borde de una tela, y la alegría que le daba cuando abotonaba las prendas de las mujeres y se maravillaban juntas con la armonía y la belleza lograda. También recordé que una vez dijo: "Un cierre es como un tren que va formando la carrilera a medida que avanza".

Recordé todo lo que le oí sobre la vanidad: los tímidos son los más vanidosos, tienen una vanidad secreta, reconcentrada y pánico al ridículo: a que su propia imagen se les quiebre; padecen una vanidad paralizante. Hay quienes se suicidan por vanidad. La vanidad intelectual es algo así como una vanidad de "iniciados", es de las más peligrosas, suele llegar a ser grotesca, deviene en arribismo, codazos y envidia. La envidia es una de las formas más reconcentradas y retorcidas de la vanidad. Los que la padecen suelen sentir el reconocimiento o el éxito de los otros, como una cuchillada letal en el centro de su identidad. La pureza de espíritu y la humildad de los místicos suele ser también vanidad. Búsqueda de aceptación y aplauso por las altas causas. Poner al mundo en entredicho por la decisión de no ser como todos; ser único y especial, alguien conectado con las secretas fuerzas del universo, la naturaleza y el alma de los seres. Los místicos tienen una vanidad altísima.

Aspiran a algo más elevado que un buen traje, una fragancia o un último modelo; aspiran a la eternidad en vida. Y a la admiración sublime que eso produce. Inmolarse es un acto de extrema vanidad. Vanidad suprema.

Abuela, ahora que has subido a la alta ventana donde con letras negras se escribe nuestra suerte, deja que la memoria te busque, te frecuente, intentaré contener las imágenes que aparecen y huyen por el torrente claro. En la suave colina de la infancia rastreo algunas luces donde aún permaneces: gracia, canción, sustancia de las fiestas. La bondad de tus ojos buscaba la belleza, sabías atrapar las criaturas sólo con tu alegría.

Así como los ojos de la yegua en la noche, puedes ver el camino que transito en tinieblas. Enséñame un lugar. ¿Dónde la luz? ¿Dónde la penumbra? ¿En qué ventana de la alta noche florecerás ahora?

30

Después de la muerte de nuestro padre y del protocolo del telegrama, pasó otra vida sin saber de mamá. La vida adulta suele ser menos memorable que la infancia y que la juventud. Me dediqué a trabajar. Desaparecí, las cosas que me ocurrieron se imponen como fantasmas, como amenazas, como negaciones de lo que soy; terminan por alcanzar al que deseé ser y lo dañan, lo distorsionan de tal modo que terminan esgrimiendo un amorfo irreconocible hombre, convirtiéndome en algo imposible de soportar. Desaparecer, ser al margen, es un acto coherente, el único que mi cobardía para poner los tres puntos sobre las íes permite. Por ello me di a la ficción. Suele ser luminosa, como la de mi tocayo José, su historia me llamó desde niño. Me pregunté por qué dos ateos me dieron ese nombre; entre las cosas que leí y el silencio de mis padres, encontré pistas, entonces le di la palabra a José y arriesgué una hipótesis:

Soy carpintero, todos aquí me estiman. Me llamo José, me he desposado con María que es muy joven, casi una niña. El trato que han hecho las familias es que debo esperar hasta que ella esté en la edad apropiada para consumar nuestra unión. Soy mucho mayor que mi esposa-niña. Me gusta el silencio del taller, los sonidos del trabajo más que el de las palabras. Sobre nuestro amor y nuestro hijo hay muchas habladurías; he guardado silencio pues es lo más adecuado, lo más noble. Ese silencio tan prolongado que ahora rompo ha ennoblecido mi vida y la de mi familia. Todo esto me ha puesto en entredicho, y a mi amada prometida también; por ello es hora de que conozcan la verdad. La verdad es que no nos aguantamos las ganas. Y sucedió. A María se le ocurrió la mentira más hermosa de que se tenga noticia. Una mentira que celebramos juntos y une a millones de seres, una mentira que propone, que incita a creer. Y consiguió lo que nadie, lo que nada: que el hecho de creer nos permita ser. Vivir en armonía, en la armonía de la ficción. Convertir el deseo irreprimible en fábula, la fábula en creencia y finalmente la mentira en bondad.

Luego de la muerte de mi abuela me fui a Europa, viví en Barcelona y en Madrid. Volví al oficio de las mudanzas, también limpié bares, piqué hielo, repartí periódicos. Escribí unos cuentos sobre aquella vida.

Cuando podía viajaba a Francia.

Una vez en París me alojé treinta y tres días en Ville-Évrard, un hospital psiquiátrico en el que estudiaban Ricardo y Miriam, amigos de Cali. Era un lugar rodeado de arboledas y jardines, parecía un campus universitario. Me llamó la atención una cafetería en la que todo estaba dispuesto para los residentes. Uno abría las neveras y tomaba lo que deseara, también de los estantes: los cruasanes, las mermeladas, los quesos... el vino. Como en el "Discurso a los cabreros", pero de verdad. Yo, que venía de la austeridad de los bocadillos, las patatas bravas y el universal arroz con huevo, me di a la generosa despensa, comí a discreción esos días. Me desatrasé.

En el hospital había varios tipos de pacientes. Los tenían clasificados según la severidad de cada caso. Algunos recluidos en celdas abullonadas para que no se "infrinjan" daño, otros estaban libres dentro del campus y podían caminar a su antojo por los jardines. Siempre había algún médico estudiante o una enfermera por allí entre vigilando y "haciendo observación clínica". En una banca, bajo un tilo frondoso, había una mujer sentada. Tomaba el sol esquivo del otoño. Me senté en el otro extremo de la banca. Me miró con displicencia. Se quitó un suéter, luego desabotonó la blusa y la abrió hasta que sus pechos pudieron recibir el sol. Eran bellos. Y necesitaban sol. Me miró con unos ojos intensos casi fieros, luego dijo explicativa:

"Soy Notre Dame de París".

El sol iluminó la madriguera de sus pechos. Ella mantenía abierta su blusa como pidiendo al sol: dispare. Se acercó una enfermera. Observó a la mujer y le preguntó si todo estaba bien. "Todo bien", dijo la mujer con los ojos cerrados y una expresión placentera en su rostro.

Me miró, sonreí haciéndome el loco, la enfermera se retiró.

Notre Dame comenzó a hablar, logré entender que decía:

—Soy Camille Claudel, he resucitado. La libertad son mis pechos al aire; Delacroix, Delacroix, ven por mí.

Recordé que Ricardo me había contado que Antonin Artaud estuvo en ese hospital desde el año 1939 hasta 1943.

Le pregunté:

—¿Y Monsieur Artaud?

—Debe estar por llegar —dijo.

Cambió de postura y la blusa se cerró un poco, formando un escote en V que dejaba ver la mitad de cada pecho. Comenzó a buscar en una cartera pequeña, sacó un paquete de Gitanes, vi la gitana bañada por el humo y su ademán flamenco que decoraba la cajetilla. Con mucho estilo tomó el cilindro blanco de tabaco negro y me pidió fuego. Encendí el fósforo y le acerqué la llama, en ese instante me miró a los ojos con una intensidad interrogante, como mirando la esencia de mi ser. Dio una calada excesiva, de marihuanero, metiendo a sus pulmones lo que más pudo. El olor del tabaco dio un tono dulce al aire. Luego se retiró a la punta de la banca y comenzó a exhalar el humo azul del tabaco en chorrillos delgados y continuos. Como los que dejan los aviones a gran altura. Se fumó el cigarrillo hasta cuando ya no podía sostenerlo sin quemarse. Se levantó, sus ojos me miraron serenos, casi amistosos. Hizo un gesto oriental de despedida y caminó hacia el hospital segura, cadenciosa, casi coqueta.

Al día siguiente fuimos con Ricardo y Miriam al Barrio Latino, caminamos todo el Bulevar Saint-Germain. En un momento de nuestro paseo paramos frente a la vitrina de una librería a mirar las novedades, luego entramos a ver un libro que le interesó a Miriam. Me dispuse a sentir el lugar, a que su atmósfera fuera posible en las palabras. La luz amarilla, como un sol al fin del día buscando su madriguera, o mejor, como una lámpara de cerveza; los altos estantes de madera me recordaron a "Mendel, el de los libros". Un colega de Mendel atendía los pedidos, hice un paneo por los lomos: rojos, negros, verdes billar, azul silencio, una pareja cuchicheaba, los libros imponen una conducta, un ambiente de intriga, de exquisita curiosidad. Una muchacha llamó con gestos de urgencia a su amiga, que acudió con prisa empinada, tímida; le mostró algo que las emocionó. Otros estaban leyendo las solapas, las cintillas de las carátulas, pistas o despistes sobre lo que escrito está. Alcancé a percibir lo de adentro de los libros, la música: sonidos aguardando por los ojos que los harán sonar. En eso estaba cuando ocurrió: Catherine Deneuve entró a la librería. Quedamos congelados ante su presencia. Se dirigió a la caja, saludó al dependiente, recibió un paquete que le tenían listo, dio las gracias, nos miró a todos: *dolly* en cámara lenta, sonrisa avanzando, "llegando y despidiendo" salió de cuadro. Sentimos que había ocurrido un milagro. ¿Cómo no creer en Dios? ¡Dios mío!

La vida concedía una retribución.

Al día siguiente volví a la banca de Camille Claudel. No estaba. Miriam bajó, se sentó conmigo, algo se movió como una sábana contra el cielo, era un ave inmensa en el techo de uno de los edificios.

—Es una cigüeña —dijo Miriam.

La vi, era aparatosa, se movía con torpeza.

—Está arreglando el nido.

—Entonces es de aquí de donde llevan los niños a Colombia, ¿cierto?

—Usted diciendo esas bobadas, en pleno manicomio. Sí, de aquí mandamos los niños a Colombia. Pero no le cuentes a nadie.

Reímos.

Miriam se fue a "hacer clínica". Caminé por los jardines, no vi a Notre Dame.

Un día antes de irme del hospital, me la encontré fumando en el borde de una fuente.

—Soy Antonin Artaud —dijo y me extendió su mano.

La estreché. Me convidó a sentarme. Comenzó a rebuscar en su cartera. Sacó un libro ajado, lo maltrataba buscando algo que deseaba leer, al fin encontró lo que buscada. Me miró como diciendo: preste atención, y luego leyó:

Poeta negro, un seno de doncella te obsesiona poeta amargo, la vida bulle y la ciudad arde, y el cielo se resuelve en lluvia, y tu pluma araña el corazón de la vida. Los ojos se enfurecen, las lenguas giran estoy pendiente de vuestras bocas, mujeres, duros corazones de vinagre.

Pensé en mi madre. En un poema de Baudelaire que se llama "Bendición". La mujer guardó el libro y se fue caminando deprisa como si hubiese olvidado algo en la estufa.

Esa tarde, mirando el muro de la capilla del hospital, me di al juego de infancia, que ahora supe se llama *pareidolia*, y que es la capacidad de ver figuras en donde no las hay. Sin esforzarme, en las sombras que producía la irregularidad del muro, vi a Catherine. Vi el rostro de mi madre, los pechos de Notre Dame y también vi un conejo en una madriguera.

Regresé lleno de pareidolias y gratitudes.

En Madrid, una tarde de octubre de 1990, estaba comprando un cupón de la lotería Once. Mientras esperaba el billete observé un cartel adosado al vidrio del kiosco: "Se necesitan lectores", informes al tel… Desde un teléfono público llamé; una voz dulce me explicó que se trataba de un servicio social de la Organización Nacional de Ciegos de España, y que no tenía remuneración. Recibiría lo que voluntariamente las personas a las que les leería quisieran o pudieran dar. Y que si me interesaba me daría los números de los invidentes que solicitaban el servicio. Llamé al primer número de la lista. Respondió una voz de hombre. Dijo que no le interesaba escuchar leer con acento suramericano, y que gracias por llamar. Al día siguiente lo volví a intentar, esta vez me citaron a un piso en la Calle de los Tres Peces. Era una mujer de unos cuarenta años. Estaba vestida como para una ocasión especial. El cabello muy corto, alta, segura. Me indicó una silla en la sala y se sentó en otra frente a mí. La sala era amplia, las paredes blancas y desnudas. Los muebles escasos. No había mesa de centro. Un tapete como de calle de honor marcaba los corredores. Todas las ventanas estaban abiertas. En la mesita, al lado de las sillas en que estábamos, había dispuesto dos vasos de agua.

—Soy profesora de Historia del Arte. Me llamo Esther Landero, he perdido la visión en un noventa por ciento, un trauma… fue un accidente de coche.

—…

—Primero voy a hacerte una entrevista a ver si… —se interrumpió—, bebe si te place —dijo señalando el agua. Luego continuó—: Debo leer para poder dar mis clases. Y además me gusta leer literatura. Para lo de las clases tengo a una alumna que es mi monitora. Pero para leer lo que me gusta no tengo a nadie. Con dos horas, tres veces por semana, será suficiente. Y tú, dime, ¿quién eres? ¿Qué profesión tienes?

Me quedé tartamudeando en mi cabeza posibles respuestas sin saber qué responder.

—Soy José, leo, soy lector, de, leo literatura. Alcancé a balbucear.

La miré con atención, me sorprendieron sus ojos. Los ojos de los ciegos suelen ser inexpresivos, como desconectados. Los suyos eran vivaces, miraban con curiosidad luminosa.

—¿Vamos a hacer un ensayo? Quiero escuchar cómo lees. Me gusta el acento colombiano por neutro, tuve una niñera colombiana.

—¿Y qué quiere que lea?

—Ve a la biblioteca y trae algo al azar —dijo muy segura.

Tomé un libro de la estantería: *El juego del revés*. Volví a la sala, Esther tenía una expresión de curiosidad casi infantil por lo alegre. Abrí el libro y comencé a leer:

EL JUEGO DEL REVÉS

Cuando Maria do Carmo Meneses de Sequeira murió, yo estaba contemplando *Las Meninas* de Velázquez en el museo del Prado. Era un mediodía de julio y yo no sabía que ella se estaba muriendo. Me quedé mirando el cuadro hasta las doce y cuarto, luego salí lentamente procurando imprimir en la memoria la expresión de la figura del fondo, recuerdo que pensé en las palabras de Maria do Carmo: la clave del cuadro está en la figura del fondo, es un juego del revés; atravesé el parque y cogí un autobús hasta la Puerta del Sol, comí en el hotel, un gazpacho muy frío y fruta, y fui a refugiarme del calor en la penumbra de mi habitación.

—Debes aprender a pronunciar la zeta, hazlo así: pega la lengua a los dientes y sopla la palabra. Entreabrió su boca y pegó la lengua bajo la hilera superior de dientes. Si dices "gazpacho", y no haces sonar la zeta, suena a "gas pacho", y no a la bebida de tomate.

Lo intenté varias veces. Al final dijo:

—Ya está. Aunque el trabajo de lector es voluntario te pagaré veinte dólares cada vez. Veamos si te viene los martes y jueves de siete a nueve y los sábados de once a una.

—Puedo esos días —dije sin tartamudear.

—No soy ciega, ya te lo he dicho, veo sombras y algo de luz. Distingo siluetas, contornos. Soy capaz de ver tonos amarillos y verdes, borrosos como manchas de acuarela. Lo rojo es marrón; estos intentos de color son nebulosos. El azul lo perdí. Como sé qué es ver, y ya no puedo hacerlo plenamente, me gustan los libros que hacen descripciones, los autores visuales, los que permiten volver a ver.

Recordé un poema de Whitman y se lo dije de memoria.

—Repítelo, por favor —pidió entusiasmada.

Caminaba por la senda que bordea el río
(mi paseo matinal, mi descanso).
Algo hendía el aire, un sonido apagado y súbito,
El amor de las águilas,
Su violento contacto amoroso
en las alturas del espacio,
El abrazo, las garras entrelazadas,
una rueda viviente que gira impetuosa,
Cuatro alas agitándose, dos picos,

torbellino de masas apretadas debatiéndose,
Precipitándose, dando vueltas,
cayendo en espirales,
Hasta detenerse sobre el río,
las dos que son solo una:
descansan un momento,
Se mecen en el aire quedamente, se separan,
desunen las garras,
Ascienden otra vez, sus alas lentas y firmes
prosiguen su vuelo, solas, divergentes,
Ella y él.

—Es alucinante, las he visto.

—Sí, es hermoso.

—¿Puedo tocarte el rostro?

Me retiré las gafas y me paré frente a ella; con delicadeza comenzó a pasar las yemas de sus dedos por mi cara, como tecleando un clavecín. El iris de sus ojos salpicado de aristas, astillas de ónix, los hacía luminosos. Ciegos y llenos de luz.

A medida que sus dedos caminaban mi rostro iba haciendo su retrato hablado:

—Cabello suave, liso, frente amplia, cejas pobladillas, ojos grandes, nariz aguilucha, labios gruesos, bien afeitado.

Al terminar su tamborileo dijo:

—Ya sé algo sobre tu aspecto. Puedes sentarte.

Se fue hacia la biblioteca, caminaba con seguridad, casi como una vidente. Al regresar me extendió el dinero:

—Estás contratado, te espero el martes.

—Gracias, vendré a las siete.

Ya en el umbral, dijo muy segura:

—La colonia es Drakkar Noir. Debes medir uno con setenta y cinco o algo así. —Sonrió, su rostro perdió la concentración que suelen tener los ciegos, como si lago lo hubiera reinaugurado. Y cerró la puerta.

Poco a poco le propuse lecturas que, como pedía, le permitieran ver otra vez.

Un día leí fragmentos de una novela que había llevado conmigo a España:

Al despertar, luego de una larga noche de techos estrepitosos, J. se encontraba a boca de jarro con la luz y el silencio. "Escampó, hermana", le decía a Helena sacudiéndola y los dos salían al corredor. Un universo como recién creado aparecía entonces ante sus ojos. El sol golpeaba (…) contra la espuma de las olas. Las sardinas casi repicaban en el aire al saltar sobre el agua. Bandadas de gaviotas, deslumbrantes en el nuevo día, revoloteaban en el mar, pescando en desordenada alegría.

—Me ha hecho verlo, ese es bueno, ¿cómo se llama?

—Tomás González.

—Esos que son capaces de hacerte ver son los mejores. Léeme ese libro.

Le conté que un escritor argentino daría una conferencia en la Casa de América y que se cruzaba con nuestra cita, le propuse que fuéramos a escucharlo.

—¿Y qué escritor es?

—Adolfo Bioy Casares.

—¿El amigo de Borges, el de las antologías de cuentos policiacos?

—Sí, pero además de hacer antologías con Borges también ha escrito una obra.

—Bueno, no te ofendas. No lo he leído.

—¿Irías conmigo?

—Me estas invitando a salir, no sabes lo difícil que es para mí. No me gusta usar el báculo ese. Iré si me llevas del brazo.

El jueves a las cinco fui a recogerla. Se había puesto un vestido negro ceñido. Sin saludarme, me dio la espalda y pidió que se lo acabara de cerrar. Ajustaba con un largo cierre que subía de la cintura a la nuca. Le dije, mientras lo cerraba, que mi abuela decía que un cierre era un tren que construía la carrilera a medida que avanzaba.

—Eso es genial —dijo.

Salimos para la Casa de América. Esther, aferrada a mi brazo derecho, intentaba seguirme el paso como cuando dos parejos comienzan a bailar y no se han acoplado. Atento a todos los obstáculos la guie con pequeñas señales corporales. A las tres calles parecíamos una pareja rumbo a una fiesta. Tomamos el metro, pues, aunque estábamos cerca, Esther quería montar en el metro. No había asiento. Me secreteó.

—No pidas que me cedan el asiento. Voy mejor de pie.

Y se aferró a mi cinturón como a una baranda. Llegamos a la Casa de América. Alcanzamos a tomarnos una caña en el bar. Después entramos al auditorio. Nos sentamos en la primera fila frente al escenario. Una maestra de ceremonias anunció al invitado.

Apagaron las luces. Del fondo, como de un sueño, surgió un hombre flaco y pulcro, miraba con timidez, lento en sus modos y en sus pasos. Comencé a hacer el retrato hablado. Esther interrumpió mi intento y dijo susurrando:

—Es guapo, recuerdo una foto suya.

—Sí, y hoy está muy elegante.

—Mañana revelan el nombre del Premio Cervantes de este año, me late que es él.

Un hombre se sentó al lado de don Adolfo y comenzó a entrevistarlo. Le preguntó por la fascinación que había en su obra por el absurdo. Adolfo respondió muy sereno, dejando entre oración y oración un tiempo de silencio que parecía ser necesario para reconstruir lo que recordaba, recuerdos que venían de muy atrás, de la más lejana de las santabárbaras: "Creo que todo comenzó cuando tenía cuatro años. Era domingo y mis padres me llevaron al parque. Había un bazar, festejos y música. A los niños al entrar nos daban un numerito, ese día rifaban un cachorro color té claro. Lo tenían en una canasta grande de mimbre. Era precioso. El domingo avanzó lento sobre la pereza y la alegría del parque. En la tarde, y ya olvidados de todo, un parlante anunció el sorteo. En la tarima, un hombre alzaba el perrito color té claro. Yo busqué el numerito y lo apreté antes de entregarlo a la bolsa verde de la suerte. Hecho el sorteo, el hombre anunció el ganador: 'El niño Adolfo Bioy Casares es el ganador de este precioso cachorro cocker spaniel'. Mis padres se miraron confundidos y yo me lancé hacia mi premio. Regresamos con él a la casa; jugamos y reímos, los cachorros ríen, ustedes lo han visto. Ya en la noche mis padres se pelearon primero, después hablaron pasito, en secreto. Me quedé dormido abrazado a mi cachorro. Al despertar no estaba a mi lado, salté en busca del perrito. Lo llamé, y no lo encontré en ningún lugar de la casa. Busqué a mi madre y le pregunté si había visto a mi perrito color té claro. Ella me dijo: 'No hay ningún perrito color té claro'. Me explicó que yo había soñado que íbamos con mi padre al parque y que me había dormido sobre la hierba, y que fue allí donde soñé que me daban un numerito para la rifa de un cachorro y que había soñado que había ganado un perrito color té claro. Desde entonces tengo una fascinación congénita por lo absurdo".

Después respondió preguntas de sus lectores; cuando se terminó el acto, aplaudimos, aplaudimos de verdad.

Estábamos animados, fuimos a cenar. Luego volvimos a pie. Esther, feliz de caminar, desenvuelta, casi vidente en la fácil acompasada armonía de nuestros pasos. Llegamos. Le ayudé a abrir la puerta; ya me despedía cuando me sujetó del cinturón.

—No te puedes ir todavía —dijo.

Comenzó a deshacerse de la cartera, de la chaqueta, de la bufanda. Luego me dio la espalda.

—Ayúdame a descarrilar el tren —ordenó.

Así pasaron algunos meses de feliz comunión. De dichosas lecturas. Hasta que un sábado llegué y me abrió un muchacho.

—Hola, eres José, supongo.

—Sí, soy José.

—Mi tía está internada. La van a operar para que recupere su visión.

Quedé mudo, entre aterrado y admirado. Esther no había hablado sobre la operación ni sobre el sobrino.

Me extendió un sobre.

—Esto le ha dejado. Y que muchas gracias, si no se recupera, seguro le llamará.

En el bar de la esquina abrí el sobre. Había unos billetes nuevos, y una carta. Era una carta escrita con letra irregular, aunque muy legible:

Querido José, aunque me cuesta, me decidí a escribir, así podré expresar mejor lo que deseo decir. Antes que nada, gracias; no sabes lo dichosa que me han hecho las lecturas y las conversaciones contigo. Lo mejor de esta época de sombras ha sido volver a ver por medio de tu voz, y de los escritores que me diste a conocer. Sin embargo, esas lecturas han hecho que me sienta más lisiada. En cambio de atenuarla, agrandan la pérdida. Las experiencias que nos ofrece el acto de mirar son inefables. Ni los poetas japoneses, ni los ingleses, ni los grandes narradores visuales pueden traducir esa experiencia a plenitud. Las sensaciones que produce lo que vemos no están al alcance de las palabras. Las palabras no pueden ofrecernos esa experiencia. Lo que sientes ante una pintura de Sorolla, de Klimt o de Hopper; ni lo que produce la osci-

lación de la luz durante una tarde de otoño son posibles para las palabras. La luz es pintora. Diría que lo que hace la luz es más cine que pintura, pues la luz cambia todo el tiempo. Los cambios pueden ser lentos, sutiles o bruscos, depende de la hora, del mes, de la humedad, o del estado de ánimo. En fin. Lo que ha ocurrido y debo contarte, es que en Baviera, Alemania, una clínica de la visión está realizando intervenciones quirúrgicas que pueden devolver la visión a personas con lesiones como la mía. El tratamiento puede durar de cuatro o seis meses. Por ello me voy. Espero volver a verte sin tener que tocarte. Te dejo con mi sobrino el dinero que te debo, revisa que el sobre esté cerrado, que no me fio mucho.

Te quiero.

Esther

"Revisa que el sobre esté cerrado", me dio risa. Sentí amor y gratitud, y el deseo de llevar esa carta conmigo como un talismán. Y a Esther como al conejo borroso de la luna. "Hay muchas formas de ganarse la lotería", dijo alguna vez, presumiendo de mi suerte al encontrarla a ella.

Con aquel dinero regresé a Colombia: algarabía, belleza del caos, el olor casi olvidado de las frutas, del cilantro. Y el verdor.

Después supe que Esther recuperó la visión, pudo volver a ver pintura, ir a cine, a ver la luz de Madrid invadir su propia belleza. Hasta leer puede. Seguimos siendo amigos, nos enviamos libros, nos contamos cosas que nos aterran o que nos admiran. Comentando una escena de *Érase una vez en América* sentenció: "Solo me interesa lo que me quita el aliento".

Dijo que recuperar el azul había sido la experiencia más dichosa de su vida.

Una vez me contó que había visto, en el noticiero de la

noche, a un jugador de fútbol africano morir en pleno juego en un partido que Camerún jugaba contra Colombia. El jugador se llamaba Marc-Vivien Foé. Estaba muy impresionada. Yo también había visto las imágenes y había leído en Google un artículo sobre el jugador. Escribí algo sobre él y lo envié.

Le sentaba la risa. Iba sin apuros por ahí. Reía de sí cuando perdía. Libre de culpas, dormía muchas horas. Cantaba. No había visto el mar, pero cantaba. En las noches miraba el vientre azul del cielo, buscaba ayuda. Soñaba con un contrato en un club grande. Lo había logrado mirando las estrellas: el santo y seña, la visa; el secreto. Conocía el sabor de la sal del sudor, en la fatiga el del agua. Sabía saltar sobre las serpentinas que arrojan a la grama, bailar los cantos de las barras. Avanzar veloz en diagonales hasta el área. Esa noche había alguien buscando jugadores, de pronto; en el punto de penal cayó fulminado: se lo llevaron.

Pensé que le gustaría. Me respondió: "Eres cruel".

No supe si era un elogio o una crítica, crítica fina. Se lo pregunté.

Lo que respondió fue una lección rotunda: "Un lector no soporta que se use un hecho trágico y ajeno para que el escritor se luzca".

31

Al lado del Conservatorio de Bellas Artes, sobre la avenida Segunda, ubicaron en un pedestal alto un reloj electrónico que cinco años antes del final del siglo XX comenzó a marcar los 157.680.000 que nos separaban del siglo XXI. El tiempo: tic-tac, tictac, tictac...pasó veloz, cruzó sin mirar los fuegos artificiales ni la línea imaginaria del nuevo siglo, y avanzó incontenible como una devastación.

Veintitrés años de publicidad dejan el alma machacada, exprimida. Leer y escribir cuentos permitió sostenerme y mantener lejos la palabra aquella de las tres íes punzantes. Vivía la suerte de ser un escritor inédito, hasta que un día gané el Premio Nacional de Literatura y aquella maravilla de ser *sin ser notado* terminó.

Silvia llamó, estaba llorando de emoción, había visto en el noticiero de la noche la noticia del premio. Yo tenía un susto mezclado con alegría y unas ganas urgentes de esconderme.

Después de felicitarme, dijo:

—Le conté a mamá lo de tu premio, quiere hablar contigo, te tiene una propuesta.

— ¿Una propuesta?

—Dale mi número de teléfono y que me llame.

—Es que le da pena.

—Peor es mandar razones, en eso se parece a papá.

—Quiere verte, quiere que vayas, está enferma, es algo grave. Me dijo que no se quiere morir sin hablar antes contigo.

La vida toda se levantaba como la falda de una bailadora ante la noticia de que mi madre, "no se quiere morir sin hablar antes conmigo". Estuve ansioso aquellos días, me preguntaba: ¿irá a contarme lo que ocurrió? El porqué, como decía *El tesoro de la juventud*. En cuanto pude fui a verla.

El avión hizo su entrada por el sur, durante el descenso me entretuvo la Sabana cubierta por los techos de plástico de los cultivos de flores: fealdad para la belleza. La sombra del avión avanzaba inmensa sobre los campos. A medida que descendíamos se hacía más pequeña, el avión se reducía a sí mismo, a su verdadera dimensión. Aterrizó. Y como decía el narrador de las radionovelas que escuchaba con Catalina: "Negros nubarrones se cernían sobre el firmamento". Llegué al edificio, pedí que me anunciaran; la portera preguntó:

—¿Quién la busca?

—José, el hijo.

Se quedó mirándome con evidente desconfianza.

—Un documento de identidad —ordenó antes de anunciarme.

Algo digitó en el computador.

—Usted nunca ha venido —volvió a mirarme, su desconfianza estaba ahora impregnada de una curiosidad chismosa.

—Nunca —dije.

—Llevo catorce años aquí y usted nunca… ¿vive fuera del país?

—Sí —mentí.

Me anunció:

—Doña María del Rosario, aquí está alguien que dice ser su hijo, se llama José.

—…

—Que bien pueda suba. El apartamento es el 1001 —dijo devolviéndome la cédula.

En el ascensor me miré en el espejo. Recordé el día que subía a conocerla en otro ascensor. Volvieron a mi memoria la seguridad expectante, la lozanía, la camisa y la chaqueta nuevas. Ahora lo que veía era el rostro de un hombre parecido al del otro espejo, sin la ansiedad ni la tensión que lo hacían ver como si fuera para su inauguración. No había expectación. La fuerza que hay en las ilusiones grandes y que da a los rostros, a las miradas, a las maneras, la belleza de lo que está a punto de ocurrir tampoco estaba ya. Vi, sí, una alegría serena: la de haber llegado hasta allí, la de haber sido a pesar de todo.

La puerta, como la primera vez, estaba entreabierta.

—Sigue, sigue —dijo desde lejos su voz ronca de fumadora.

Entré.

La fealdad se diluye con el tiempo. La vejez atenúa la fealdad. Le da lustre, sucede una restauración, como el óxido ennoblece lo que ha resistido, lo que la pátina al bronce, así ocurrió con ella, ahora algo hermoso había en aquella fealdad.

—Por fin voy a dormir en tu casa, mamá.

—Suena tétrico, pero así es.

—…

—Acomódate aquí —dijo señalando una puerta.

La habitación de huéspedes estaba decorada con uno de los torsos entorchados de Luis Caballero y una pintura de Cárdenas: *Gancho de ropa con pantalón*. Pensé que el dueño de ese torso no era el que se había quitado esa ropa tan insulsa. ¿O sí?

Por la ventana se veía, en picada, el foso redondo y la arena amarilla de la plaza de toros, un niño empujaba lo que parecía un triciclo con cuernos; otro, muy quieto, le mostraba una tela roja que el triciclo embestía. Pensé que una plaza de toros es un aljibe de sangre.

—Desde aquí se pueden ver las corridas —dijo entusiasta.

—Nunca he ido.

—Yo sí, me encanta el ambiente y todo lo de la fiesta brava. Ahora es prohibido decir eso, es políticamente incorrecto. Este mundo es cada vez más paradójico: mientras más brutal e inhumano, más sensible a lo que sea políticamente incorrecto. Tan inclusivos que se volvieron, tan ultrafeministas, tan protectores de todos los derechos. Pero la realidad es otra: nunca han matado tanta gente para quitarle sus tierras o su mina o su ilusión. Nunca han robado tanto, y las feministas terminaron tan fanáticas que son una caricatura de lo que alguna vez tratamos de ser las feministas.

—…

—Ya te irás acostumbrando a mis diatribas.

En el apartamento, un reloj de pared anunciaba cada hora con un par de notas: co, co.

—Cada vez más inexacto. Pobre, tan viejo que está. Pero me gusta el sonido.

—Es un sonido triste, parece cansado.

Le dio cuerda.

—Hijo, ¿tú cuándo cumples años?

—Según la cédula, el veintitrés de octubre, pensé que al menos eso sabías.

—Perdona, es que no lo recuerdo, esa época la tengo borrada.

—Sí, lo sé, nunca recibí tu felicitación.

—Así fue. Pero ahora será distinto.

—Me debes algunos regalos.

—¿Y el Día de la Madre? Tampoco recibí nunca nada.

—No fue mi culpa: "Eso son inventos del capitalismo para que consumamos".

—"El Día de la Madre es una costumbre pequeñoburguesa".

Disfrutaba la imitación. No mencionar al imitado le dio finura al asunto.

Me instalé. Luego fui a buscarla.

En su habitación, atrincherada en la cama, parecía dispuesta a una lucha nueva; noté la altivez de una vencedora a punto de su retiro. Me presentó, señalándolos, cinco frasquitos al tiempo que decía:

—Mis gotas mágicas. Una atea llena de creencias, eso soy. Hay que creer en algo.

A pesar de su flacura, su voz conservaba el vigor, su casi altanería.

—No me queda mucho tiempo, hijo, tengo cáncer. Y no voy a someterme a nada. Consumo marihuana líquida y opiáceos para el dolor... Drogadicta hasta el último minuto.

Se rio, y su risa se fundió en un ataque de tos. Entonces disparó su propuesta filial:

—Quiero que escribas la historia de mi vida. No sé escribir. Escribir es algo, como dice la propaganda de Chivas, que se tiene o no se tiene. Nunca pude. Sólo sé redactar.

Recordé la definición de redacción:

Redacción: Deriv. de *redijere*: reducir a cierto estado.

—¿Me ayudarías? Yo te doy el argumento y lo vuelves una historia literaria.

Alzó una grabadora Sony de periodista.

—Estoy grabando lo que quiero que escribas. Así será más fácil.

Nos quedamos en silencio; luego dijo:

—También quisiera que me contaras tu vida. Debemos aprovechar el tiempo que nos quede.

Silencio.

El televisor estaba encendido, sin volumen, sus relumbrones, los *flashes* de su luz producían un ambiente parpadeante. Aquello ya lo había visto de lejos mirando ventanas vecinas en la noche. Me preguntaba: ¿Qué mirarían? ¿Qué sería aquella ráfaga de luces? Sentía tristeza de esas visiones, de la soledad de aquellos destellos. Parpadeo de vidas desconocidas, entretenidas mirando algo que no sabremos. Recordé cuando a veces escuchaba fragmentos de canciones en radios de los vecinos, o la siempre vigente propaganda: "*¿Tiene cuchillas Gillette para mañana? Recuerde que en el baño no las puede comprar*". En cambio de procurar estar allí con ella, me fugaba colgado de fantasías, de recuerdos. La imaginación me sacaba de aquel lugar, me elevé.

—¿Cuándo te diste cuenta de que eras escritor?

—No sé si lo sea —dije con la falsa cortesía que se usa para ser modesto.

—Quiero saber eso —dijo, con el tono de una mamá que pide a un hijo que le dé explicaciones sobre algo que ha hecho sin su consentimiento.

—No sé, debe ser algo que tiene que ver con lo que los psicólogos ahora llaman PAS: persona altamente sensible. En estos tiempos es una enfermedad.

—Ya se inventaron otra cosa, "altamente sensible". ¿Y los altamente insensibles cómo se llaman?

—No sé, mamá.

—Algo debiste sentir, o algo debe saber el que tiene eso.

—Desde niño advertí que disfrutaba del mundo de una manera minuciosa y que podía entrar en la belleza de las cosas… no sé… es imposible de explicar.

—¿A qué edad sentiste eso?

—Cuando vivía con mi abuela, a los cinco años.

—"En la belleza de las cosas" —repitió pensativa. —¿Y en la belleza de las personas?

—También.

—¿Y eso cómo es?

—No puedo explicarlo, es algo que ocurre… una conexión, un radar que permite apreciar, no se puede hablar de eso... no hay palabras para explicarlo.

—¿Y para mirarse a uno mismo?

—Para mirarse a uno mismo hay que tener un espejo, una espina invertida, duele, pero permite verse sin mentirse.

—¿Una espina invertida?

—Sí.

—Léeme algo que estés escribiendo, algo que no conozca nadie.

—No sé si quiera, ¿para qué?

—Dame ese gusto.

Busqué en el portátil y abrí la carpeta: Notas para historias por escribir.

—Es una nota para un cuento, no tiene más de una página y no sé bien hacia dónde va.

—Lee.

—¿Esto es un examen?

—No, un capricho.

Leí:

Le sorprendía que ya muertas, sus manos no perdieran el color rosáceo ni la vitalidad. Observó por última vez las cicatrices de esas manos que se llevaban consigo los secretos, las huellas del ajetreo de su vida, y recordó las caricias. Eran lentas, leves como un soplo y sabían rondar antes de llegar.

—Es un retrato —expliqué interrumpiendo la lectura.

—No entendí nada —dijo.

—Mejor, mucho mejor.

—Bueno, hijo, entonces mañana me cuentas si quieres y puedes ayudarme.

La premura de ejecutiva no se iba de su ser, parecía más afanada que el día que nos conocimos. Algo de petición y soberbia mezcladas daba a su propuesta un carácter que me chocaba: ruego y exigencia.

Esa noche hablé con mi hermana.

—¿Cómo está ella?

—Muy flaca.

—¿Y cómo te sientes?

—Ahí voy, me resisto a la tentación de no pensar, busco entender sin conceder.

—Tenle paciencia.

—Para muchos la muerte de la madre crea un sentimiento de deuda, de deuda impagable. Para mí no, no debo nada.

—¿Y ella… está muy necia?

—Quiere que escriba la historia de su vida.

—¿Y lo vas a hacer?

—Soy el menos indicado: no tengo idea de su vida, no creo poder hacerlo. Y lo peor, a estas alturas ni siquiera tengo curiosidad.

—Ella me dijo que así podía hablar contigo de lo que nunca hablaron.

—Está matando dos pájaros de un tiro.

—Es que se le va acabando el tiempo.

—Y ahora necesita un espectador.

—Todo lo vuelves chiste. Traten de aprovechar esta oportunidad.

—Sí, trataré, es oportunista.

—Está muy enferma, considérala.

—Ella tan considerada.

—Es la única oportunidad que les queda.

—Bueno, ya te contaré.

Esa noche casi no puedo dormir, me entretuve revisando notas para cuentos que nunca escribí:

Si supieras bailar, callaría, iría hasta tu mesa y te ofrecería mi mano, tú seguirías mis pasos a la pista y solo los cuerpos hablarían, si supieras bailar.

Algo sabroso, picante, casi feliz, vive en lo clandestino.

Sintió rabia consigo mismo; una sensación de lástima y autorreproche por no ser capaz de lo que era capaz.

Del corazón del chontaduro salió una gota de aceite incandescente, partícula de sol escondida en su cerrado fruto.

Entonces papá sopló las cincuenta y cinco velas y se apagó.

Alguna de esas notas ya no sabía para qué eran o qué las había suscitado. Fragmentos inconexos, ocurrencias, olvidos.

Al final, buscando el sueño, recurrí a mi vicio: buscar definiciones de palabras.

Redargüir: emplear un argumento contra el mismo que lo ha empleado antes.

32

Al otro día acepté ayudarle a contar su historia.

Me senté frente a su cama en una silla cómoda y antigua. Me dio la grabadora y pidió que escuchara. La encendí. Con su acento bogotano narraba. No habían pasado cinco minutos y pidió que la dejara sola. No quería oírse, propuso que me llevara la grabadora para que escuchara lo que había grabado.

—Está bien —dije. Me dispuse a retirarme.

—Gracias, hijo, tengo una pregunta: ¿quién va a aparecer firmando el libro?

—Tú, mamá.

—Ah, bueno… anoche me preguntaba si uno es el autor de su vida. Creo que no.

Silencio.

—Tampoco seré la autora de lo que firmo y afirmo que es mi vida. Espero que te rinda.

En la sala comencé a escuchar la grabación. El tono era de hipérbole si se trataba de los hechos, las fechas y los lugares, y entre despótico y ruin cuando se refería a las personas. De su madre, de su abuelo, de su padre, de los tíos y los primos, de todos tenía algo horrendo que contar. Recordé algo que acababa de leer: "Tanto en la vida como en la ficción el comienzo da el tono". A las dos horas no aguanté más. Tuve que salir a caminar para recuperarme.

Pedí que me dejara copiar la grabación. El archivo del audio era muy pesado para guardarlo en la casi llena memoria del teléfono, le expliqué que había que transcribir y obtener un archivo de Word.

—Claro que sí, pero ¿cómo sigo grabando?

Le expliqué que copiaría los audios en mi portátil y le dejaría la grabadora.

—Lo que necesites hacer, hay que hacerlo.

—Voy a intentar ayudarte.

—Claro que puedes, el asunto es si quieres.

—Ya te diré.

Regresé a Cali y "la vida parva, que nos da sus mieles con cierto ritmo y en cierta proporción" ya no fue posible.

Tres semanas después regresé.

SEGUNDA PERSONA

Habías grabado otras cuatro horas. Encendí la grabadora: escuché tu voz lejana, adelgazada ahora por el cansancio de la enfermedad.

Cuentas que Cecilia, tu madre, fue muy dura, y que no duró casi nada; que le venía en la sangre su enfado. Dices que hizo renunciar a tu padre a la embajada de Panamá porque había iguanas en la casa. Por esos días le diagnosticaron un tumor maligno y se dedicó a buscar un tratamiento. Le sugirieron que fuera a México porque allá había alguien que tenía el secreto para curar el cáncer de pulmón, algo milagroso. Valía una fortuna ese secreto y llevó toda la que tenía. Tu herencia. Le quitaron el dinero, pero no la enfermedad. A los cuatro meses murió. Era joven: treinta y tres años. Luego de su muerte, tu padre, Ignacio, te llevó a La Magdalena; una hacienda que había heredado en Viotá. Te explicó que era mientras pasaba la guerra y podían regresar a la vida diplomática. Allí contrajiste la poliomielitis. Perdiste el movimiento de la mano y del brazo izquierdos. Hablas de ello como de algo sin importancia, no cuentas lo que significó para ti. Terminada la Segunda Guerra Mundial tu padre retomó su carrera. Vendió La Magdalena, se fue a Italia y te dejó al cuidado de tu abuela Noemí. Mientras ejercía de cónsul, tu papá montó un negocio de alquiler de motocicletas Vespa.

Conoció a una genovesa y se enamoraron. Después se casaron, tuvieron una niña, tu hermana, a la que sólo viste una vez. Dices que ellos hicieron una nueva familia de la cual fuiste excluida, que tu abuelo Calibán asumió la responsabilidad de tu crianza. Y que entonces supiste qué es vivir sin padres y en una casa que no es la tuya. Arrimada. Dices que lo que más querías era que pasara el tiempo, la lenta danza de las horas.

Al día siguiente te pregunto si en la novela podemos recrear el amor de tu padre con la genovesa; que imagino los paseos en plena posguerra en una Vespa roja por la costa mediterránea, como en las películas en que actúa Marcello Mastroianni.

—Eso no me interesa, de eso no puedo hablar, es pura imaginación.

—¿Cómo se llamaba la segunda esposa de tu padre?

Te quedas buscando su nombre, pareces extrañada de no poder recordarlo.

—No me acuerdo. Es raro, lo olvidé. Vieja bruja... bruja hermosa, porque linda sí era.

Cuentas que viste mucha lujuria en esa casa de tu abuelo. La hermana de tu abuela tuvo un hijo de él. También una de las empleadas.

"Calibán era un semental. Como Tolstoi" —afirmas con vehemencia.

Entonces tu abuela te llevó a donde tu tío. Y allí te convertiste en la tía Tallito, la que cuidaba a los niños; la que llevaba a los sobrinos a cine. A las novilladas. A donde la abuela. Dices que eran muy malos estudiantes, "y siguen siendo", se escucha que te ríes y la risa se funde en un ataque de tos que te doblega y silencia.

Te imagino con un solo brazo, con la sola mano toreando la locura de esos primitos.

En tu narración sólo hay hechos, datos. No hay rostros, no hay ambientes, nada de lo que narras está afectado por ti. Dices "teníamos chofer", pero no recuerdas su nombre; dices "íbamos en el carro" y no sabes cómo era, ni el color, ni la marca; dices "comíamos pasteles", no sabes qué pasteles, ni a qué sabían. "Veíamos películas" y no recuerdas ya qué películas. No hay algo que te sea memorable, que puedas recordar con nitidez. Mientras escucho hago fuerza para que algún recuerdo te haga llorar de felicidad, de tristeza. Nada. Cuando te lo digo, replicas ofuscada:

—Es que soy de acero, de acero inoxidable.

Pides que sigamos otro día.

—Debo volver a Cali —mentí.

—Claro, hijo, me cuentas los avances, ya no hay tiempo que perder.

Regresé un mes después. Estás más flaca. Te acomodas entre las almohadas. Pensé en un francotirador. Ahora tienes otros frasquitos.

—Casi no vuelves, he grabado otras historias y encontré unos recortes. El Tramadol es como un Desenfriolito —mejor sigamos con el tramadón de mi vida.

Sentí que era un chiste preparado. Reí de todos modos.

Dices que tu madre desciende de Antonia Santos, que murió fusilada.

—Fue una heroína de la independencia —afirmas orgullosa.

Luego agregas:

—Heroína de verdad, no como esta —y señalas las pastillas de Tramadol.

Pides que busque en Google algo sobre ella.

Busco, leo en voz alta:

Antonia Santos fue la quinta de los once hijos de Pedro Santos Meneses y Petronila Plata Rodríguez. Su educación fue la de las mujeres de su época: aritmética, escritura, gramática y lectura. La familia Santos Plata estaba vinculada desde los primeros momentos a la lucha en favor de la emancipación del Nuevo Reino de Granada. Cuando don Pedro muere, Antonia, que era la mayor de las hijas, asume la responsabilidad del hogar. Antonia apoyó la guerrilla de Coromoro, que fue la primera que se organizó en la Provincia del Socorro para luchar contra los españoles desde la hacienda El Hatillo.

El 12 de julio de 1819, un destacamento militar español, comandado por el capitán Pedro Agustín Vargas, llegó sorpresivamente a la hacienda, y en la casa principal de la familia aprehendió a Antonia Santos, a su hermano menor, Santiago, y a su sobrina Helena Santos Rosillo, junto con dos esclavos; los llevaron a la población de Socorro, en donde fueron encerrados en los calabozos de la cárcel. Antonia Santos prefirió la muerte que la delación y el 16 de julio de 1819, en un breve sumario, le fue dictada la sentencia de muerte junto a Isidro Bravo y Pascual Becerra, declarados enemigos de la causa del rey y reos de lesa majestad. El 27 de julio fueron puestos en capilla como condenados a muerte. El 28 de julio de 1819, a las diez y media de la mañana, Antonia Santos fue llevada al cadalso, ubicado en un ángulo de la plaza del Socorro, junto a Pascual Becerra e Isidro Bravo; la acompañaba su hermano Santiago, a quien le entregó sus alhajas de oro y su testamento; al oficial que mandaba la escolta le obsequió el anillo que llevaba puesto. Un sargento la ató al patíbulo y le vendó los ojos, se dio el redoblante y la escolta hizo fuego.

Interrumpes la lectura. Para explicarme que fue la muerte de Antonia el detonante que dio origen a la Batalla de Pienta, en Santander, y luego a la de Boyacá.

—Bueno, ya vez de dónde vengo.

—¿Por qué habrá dado el anillo al soldado? —te pregunto.

Respiras con dificultad. Veo atrás de tus palabras y de tus ademanes trazas de una altanería galante. El orgullo gratuito de la descendencia.

—Eso debe quedar en la novela.

El tono es el de una orden.

—A un antepasado mío, por parte de padre, también lo fusilaron, se llamaba Carlos Ferrer, lo fusilaron los del bando de Antonia. Dos años después que a ella.

—¿Entonces estamos agarrados desde la guerra de independencia? Eso no lo sabía. Pobre usted con esa guerra en la sangre…

Ríes hasta que la tos te corta el aire.

—No sé si esto pueda ser una novela, mamá, mejor una biografía.

—No, quiero una novela biográfica. Las biografías son aburridas. Y todo el mundo las refuta.

Me alcanzas un recorte de periódico parecido al que tenía Margarita sobre el accidente de aviación en el que murieron el abuelo y Gardel.

—Lee esto, también debe ir en la novela, es como de película. Deberías armar una carpeta con estos documentos.

Leo:

Génova, enero 23 de 1940.

La señora doña Cecilia Santos de Ortiz, esposa del Doctor Ignacio Ortiz Lozano, cónsul de Colombia en Génova, es una de las sobrevivientes del trasatlántico italiano *Orazio*; en una entrevista exclusiva para United Press dijo: "En primer lugar deseo expresar mi gratitud a la oficialidad y a los tripulantes del *Orazio* y del *Conte Biancamano*, que realizaron esfuerzos heroicos por ayudar a todos los pasajeros.

La primera señal de que no todo iba bien vino a las dos de la mañana del sábado, unas horas después de haber zarpado de Génova, cuando la nave se detuvo brevemente por fallas en la sala de máquinas. Sin embargo, nadie pudo prever que el viaje terminaría en la forma desastrosa en que terminó.

A las cuatro de la madrugada del domingo, me despertó mi hijita de cuatro años, María del Rosario, y me dijo que oía ruidos extraños. Salté de la cama y abrí la puerta de mi camarote. Al observar humo en el pasillo, tomé a mi hijita de la mano con el objeto de abandonar el camarote, ambas vestíamos solamente camisas de dormir y a pesar de que las llamas no nos hicieron daño la camisa de mi hija se incendió. Para impedir que se quemara se la quité y la dejé desnuda. Finalmente llegamos a cubierta donde soplaba un viento muy fuerte y frío. Un marinero, viendo desnuda a mi hija, se quitó la chaquetilla y me la ofreció. Algunos pasajeros fueron presa del pánico y los tripulantes hicieron lo posible para conseguir calmarlos. En un momento de nerviosismo me caí, pero un joven apartó a la multitud y me alzó. Llegamos al comedor pensando que allí estaríamos a salvo y a los pocos minutos, el piano, por los violentos movimientos del barco, reventó las guayas y empezó a dar tumbos por todo el salón, embistiendo a los pasajeros. Aunque se nos había informado que se habían enviado mensajes de auxilio, y que nos encontrábamos sólo a 40 millas de Tolón, no veíamos buque alguno que viniese de la costa francesa. Las llamas, entretanto, continuaban extendiéndose y tuvimos que descender a la proa por medio de escalas de cuerdas, que estaban chamuscadas por las llamas. Cuando el *Conte Biancamano* fue avistado en la tarde estábamos casi cegados por el humo.

Una vez que los botes salvavidas eran bajados, vi que algunas personas trataban de entrar a ellos con maletas livianas que contenían sus joyas y valores, pero los oficiales las arrebataban de sus manos y las lanzaban al mar diciendo: "Esto ocupa espacio. Sólo hay sitio para seres humanos". Mi hija y yo nos encontrábamos en el primer bote salvavidas que llegó al *Conte Biancamano*. Más tarde supe que cinco minutos después de que habíamos abandonado el *Orazio*, el piso del salón de música de primera clase se hundió con las personas que se encontraban en él y cayeron a las bodegas en llamas.

Fue tan maravilloso ser llevados a bordo del *Biancamano* a recibir una copa de coñac para sobreponernos al frío. Era como si entrásemos al paraíso.

Dices que recuerdas el humo y los gritos de tu madre, y cuando te amarraron y te bajaron como se baja una canasta al bote salvavidas.

Te imagino en medio del salón del piano esquivando desnuda sus embestidas. Imagino ese piano bailando su propio réquiem antes de caer al abismo de fuego, y luego, con todo y nave, al fondo del Mediterráneo. Pienso que un pez a esta hora nada entre el arpa de bronce de ese piano, una danza oscura, muda e invisible. Pienso en el envés del azar, en que suele ser fiero, absurdo y arbitrario, capaz de producir masacres como son capaces las personas. A veces el destino toma la forma de la ira y una cólera mayor a todas las cóleras se adueña del tiempo, de los designios y sucede el horror.

Te cuento lo que pienso y lo que imagino.

—Esos pensamientos no me interesan, hay que concentrarse en lo que ocurrió.

—¿Solo quieres contar los hechos?

—La realidad, la realidad. Lo demás es imaginación.

—¿Quieres una novela en la que no exista nada imaginado?

—Es que me pasa que algunas cosas se me están olvidando y a veces cuando recuerdo algo ya no sé si es verdad o imaginación. Es horrible. Yo misma dudo, por eso hay que documentar lo que me ha ocurrido.

Los días siguientes pasas acostada entre tus cuatro almohadas con una bolsa de agua caliente, hecha del mismo caucho de las pelotas de letras.

—La tengo hace muchos años —dices al observar mi curiosidad.

—…

—Me ayuda a calentarme, es mi pareja.

Ríes. Sigues narrando de manera desordenada, saltando de una época a otra.

Hablas desde, sobre, contra tu parentela.

—No pertenezco al mundo de nadie y menos al de presidentes, directores de periódicos, embajadores y todas esas indignidades.

Te asalta la tos; al final quedas exhausta. Necesitas unos minutos para poder continuar:

—Una cosa era su vida pública y otra, muy distinta, la privada. La que yo conozco, la que yo padecí.

Pides que vaya a tu escritorio y traiga una carpeta; te la doy, buscas en ella hasta que encuentras un papel, me lo ofreces. Pero no me lo das.

—Eso también debe ir en la novela.

Te pones las gafas.

Lees:

Las luces de mi vida son opacas, no poder quererme era mi asunto. Lo más grave: sentir que eso era natural.

—Ya no sé si esto lo escribí o lo copié; parece mío —dices con desdén.

Silencio.

—Por acá hay algo que intenté con la ayuda de mi amiga Maruja: una tipología de intelectuales, sacada de nuestra experiencia.

Me alcanzas otra hoja.

—Lee —ordenas con tono imperioso.

Leo:

Los narcisos: Para esta especie el conocimiento tiene la forma de la cola del pavo real. La exhiben ciegos de orgullo. Compiten a punta de títulos y de reconocimientos; sus hojas de vida dan cuenta minuciosa de sus más insignificantes actos. Y en muchos casos están escritas en tercera persona. Les agrada agradar.

Los conspiradisparatoides: Piensan que todo lo que sucede obedece a una conspiración de la CIA; que es, según las responsabilidades que se le atribuyen, una de las entidades más ocupadas y eficaces del planeta: casi todo lo que sucede en el mundo lo hace la CIA. Una verdadera deidad.

Los diatribicoartesánicos: Sermonean. Su habla es cantaletosa, quejumbrista, viven humillados y ofendidos. Aman la marginalidad: desean que los entierren "en el vientre oscuro y negro de una vasija de barro". Sus casas las decoran con artesanías, costales, y reproducciones de cuadros de Guayasamín. Prefieren el fuero sindical a dar clase. Lloran con la música de Jorge Villamil.

Interrumpes:

—Primero fui del grupo de Las Policarpas, después comunista, después simpatizante del M-19, después galanista y ahora nada.

Silencio.

—Mi papá no cabe en ninguna de esas tipologías.

—Él no fue el único intelectual con el que estuve.

Silencio.

Me alcanzas otro impreso.

Sobre el amor libre.

Tratábamos de que nuestra relación fuera distinta. Veníamos de relaciones en las cuales la infidelidad y los celos nos habían lastimado mucho y comenzamos a hablar, a cuestionarnos por qué sentíamos celos y por qué no éramos capaces de tener relaciones abiertas en las que no estuvieran presentes el deseo unilateral, y la palabra horrenda fidelidad, como prerrequisito.

—¿Esto de quién es?

—Ya no sé.

Te quedas dormida, respiras con una fuerza hidráulica, pienso que eres hidráulica y de acero inoxidable.

Vuelvo en la mañana. Estás dormida, velo tu sueño hasta que despiertas.

Te pregunto si quieres que prepare el desayuno.

—Aquí todo es a domicilio, hasta el desayuno.

—Mamá hay algo que quiero que me expliques.

—¿Qué será?

—¿Por qué me circuncidaron?

—Eso fue su papá al que se le metió eso en la cabeza. No sé. Pero sí fue idea de él. No recuerdo la razón. Un capricho suyo, como tantos.

Hay una incandescencia en la voz que se hace fragorosa cuando se trata de esgrimir lo que es tu manera, tu forma de hacer las cosas; también noto esa incandescencia cuando hablas mal de los demás.

Estás de ánimo y deseas caminar, recorremos tu apartamento, "visita guiada", mientras hablas ríes, dices:

—Salmona era un bruto, estos apartamentos son bonitos,
pero fríos y todos torcidos; a la cocina hay que entrar por tur-
nos, claro que yo no entro. Y tampoco hay con quién turnarse.
Pobre gente la que vive en estas ocurrencias del genio de
Salmona. Ahora todo lo que hizo es patrimonio nacional, ¿se
imagina? ¿La Nueva Santa Fe patrimonio?

Me da risa.

—Esto de las Torres del Parque es un multifamiliar como
los de Venezuela: siete apartamentos por piso. Claro que por
fuera, más bonitos que los de Venezuela sí son.

Veo sobre las mesitas fotos de todos tus parientes, incluso
una en la cual está toda la familia reunida, unas cien personas.

—Mira, allí están todos, estamos todos, es la foto de la
caterva.

Ríes con desparpajo, pareces una bruja de cuento cuando
ríes así.

—¿No tienes fotos de nosotros?

—No, las que tenía las quemé…para no recordar.

—Has hecho como si no existiéramos.

—Me tocó, hijo, sí…

—No existía para ti. Pero ya ves: existo.

—Sí.

—Pregunto luego existo.

—…

—¿Dónde nací, mamá?

—Todos nacieron en la clínica Palermo.

Te ofuscas, dices que estás indispuesta, y te vas a tu alcoba.

Reviso el correo, hay una invitación de Esther para que la visite
en Lisboa. Se ha ido a vivir allí para estar con su hija. Quiere

verme pues va a cumplir años, lo van a celebrar con una gran fiesta. Al final dice: *Ven, de pronto es la última oportunidad que tengo de verte.*

Camino por el apartamento. Me siento confuso, con una náusea en el alma. Estoy en casa de mi mamá, y es una casa extraña, nada es reconocible, ni familiar. Los objetos al menos son amables, su silencio es acogedor. Veo en una repisa la foto de un hombre escribiendo en una máquina en medio de una habitación que parece haber sido bombardeada, las paredes llenas de hollín, la habitación desnuda, solo los vanos de las puertas y ventanas. El hombre es flaco, está sentado en un butaco sin espaldar ante una mesa rústica, concentrado, hay en su rostro determinación y una dignidad superior. Las manos se ciernen sobre el teclado con seguridad, esa seguridad parece residir en la certeza de lo que escribe. La espalda muy recta. Es pulcro su atuendo que contrasta con el lugar devastado. A pesar de la determinación, se ve inofensivo, como un abuelo que da de comer en el parque a los tordos.

Al otro día llevo a tu habitación la foto.

—¿Quién es? —pregunto mientras sostengo la foto en la mano.

—Es mi abuelo Calibán, eso fue cuando quemaron *El Tiempo*, en 1952.

—No parece un semental —digo.

—No parece, pero era. Un salvaje como el personaje de Shakespeare. Un caníbal, se las comía a todas.

—Quemar el tiempo —digo sin querer.

Silencio.

De pronto asumes la actitud de una editora con todas las ideas claras: con el lector entre los ojos, explicas y exiges que en la novela debe quedar claro que eras una niña de clase alta obligada a vivir toda clase de privaciones, de vejámenes, una niña que fue injustamente tratada, humillada por todos, de Dios para abajo, por todos los que se la tropezaron, pero ante todo quieres que quede claro que pudiste salir adelante sola.

—¿Como en las telenovelas?

—No, en las telenovelas las protagonistas no tienen poliomielitis ni son malas. Malas son las antagonistas… ¿o será que soy la antagonista de mí misma?

Ríes.

Silencio.

—Lo que quiero que sepan es que me desquité de las personas que me hicieron a un lado: de mi padre, y de todos los demás.

—¿Que sepan quiénes, mamá?

—Todos… Los que queden vivos.

— ¿Esa es la historia que quieres contar?

—Sí, esa es.

Te llaman del trabajo y piden tu opinión para un acto de bienvenida a los pares que visitan la universidad en la que trabajas. Me voy a dar una vuelta. Afuera en la calle me siento mejor, menos amenazado, la calle disuelve. Como el anonimato. La soledad y el silencio son lugares de serenidad. También el tumulto.

Bajé hasta el Park Way, caminé bajo los urapanes, recordé el primer viaje a pie. Busqué en Google Maps la dirección de la Clínica Palermo.

El edificio es una construcción de estilo neoclásico francés (eso también lo averigüé en Google), "setenta años dando a luz bogotanos y bogotanas", su fachada es de ladrillo rojo, rojo alcohólico. Elegante sí es. Entré, nadie me detuvo. Dos patios inmensos, corredores largos, espaciosos por los que corren niños excitados ante la inminencia amenazante de un hermanito. Estuve merodeando. Sentí que estaba en otro tiempo. Ajeno al ajetreo de la salud alcancé a estar tan lúcido en el pasado que un delirio me visitó: un recuerdo tan frágil que apenas lograba ser una sensación espacial. Fue surgiendo el recuerdo: iba en los brazos de mi padre a conocer a mi hermano. Atravesábamos los corredores, sentía como si fuéramos en un tiovivo. Girando en la alegría que duró lo que alcanzó la boleta. El vuelo ruidoso de una paloma me regresó al presente. Me escuché decir: "Nunca lo he alcanzado a conocer". Oí el llanto poderoso de un recién nacido, otro más que viene al mundo, a sus quejumbres, a su esplendor. La Clínica Palermo se empeña en dar vida, ya verán lo que hacen con ella. No es su problema. Volví caminando.

Al día siguiente estás impaciente. De la panadería suben el desayuno: huevos revueltos, chocolate, pan con mantequilla, jugo de naranja. No lo pruebas.

—Me acabo de despertar y ya estoy cansadísima.

—…

—Hoy no quiero hablar de mi historia… ni de nada. No encuentro cómo expresar las cosas que siento. Tocaría inventar palabras. Siempre he vivido en la mitad de fuerzas contrarias, como los músculos de mi único hombro: el supraespinoso y el infraespinoso, los que permiten mover el manguito rotador del brazo. No sé, hoy estoy depre. Supraespinosa.

Silencio.

Te dejo sola.

Regresé después de la hora del almuerzo.

Trato de que sigas contando sobre la infancia. Te quedas mirando al techo, buscando. Entra una llamada. Apago la grabadora.

—Era el oncólogo, dice que debo ir, pero ya oíste: no-voy-a-ir.

Silencio.

Luego tomas aire y cuentas que en tu trabajo como directora de protocolo de la Universidad Central, cuando nadie aplaude al terminar un acto o un discurso o un concierto, a ti te corresponde aplaudir para que los demás aplaudan.

—Entonces, ¿si nadie aplaude, tú aplaudes?

—Sí.

—Pero sin una mano, ¿cómo?

Golpeas tu muslo con la mano y lo haces sonar. Haces un gesto infantil de dignidad y cierras los ojos.

Me digo que se suele vivir para los aplausos. Aunque no compensan. No alivian, duran lo que un aleteo, eso son: aleteo sin vuelo. ¿O son música? La música universal. O son protocolo. Si son protocolo, no son nada.

Abres los ojos. Te pregunto:

—¿En qué consiste tu trabajo?

—El protocolo lo que busca es que todo sea como debe ser: que se salude a todos según el orden de importancia, el que corresponde a cada quien. Que no se deje de mencionar a nadie. Y lo más importante: que esté todo en su lugar y a la hora precisa.

Repito en voz baja: "El orden de importancia, el que corresponde a cada quien".

—El arte de lo aparente —dices comentando lo que pienso.

Me asombro. Es bruja, me digo.

—Es una buena definición.

—Sé que es algo que no me queda, la pompa y el boato no son lo mío.

Atiendes el teléfono.

—Es Gloria, una amiga —dices, como pidiéndome que te deje hablar.

Te dejo sola.

Luego regreso. Estás molesta.

Te pregunto si todo está bien.

—Casi nada está bien —respondes.

—Lo del subsidio de este gobierno a las universidades privadas es una vergüenza —toses, luego sigues—: Ayudar a los más ricos. Y las universidades del Estado, quebradas. Aquí todo es indecente pero legal. Eso también forma: que sepan desde el principio que si algo es legal lo pueden hacer, así sea criminal, así formamos a las nuevas generaciones.

Te quedas en silencio respirando con dificultad. Te vas hundiendo en la cama, desapareces como en una madriguera.

Al día siguiente vuelves a lo de tus ancestros, lo de tu sangre noble, la que corre por tus venas y que gracias a ti corre por las nuestras. Que los Molano, que los Ortiz, que los Williamson, sangre escocesa. "Escocesa de Escocia", dices llena de un orgullo infantil. Cuentas que los Williamson fueron dos hermanos que vinieron a Colombia como médicos para atender a los enfermos de las minas.

Averigüé y no eran escoceses, eran irlandeses de Dublín. Te lo digo y haces una mueca de desconfianza, como si algo oliera mal.

Dices como hablando para ti:

—En esa época un enfermero irlandés era más que un médico de los de acá.

Cierras los ojos tragándote la rabia que te produce mi precisión.

Entra una llamada a mi teléfono, es para hablarme de los talleres de escritura en las cárceles.

—¿Qué tienes que ver tú con las cárceles? ¿Por qué hablabas del Buen Pastor?

Te cuento sobre el trabajo que hago.

—¿Y qué pueden escribir esos infelices?

—Escriben sus historias y lo que piensan de lo que les pasa y de lo que son.

—¿Y qué pueden pensar? ¿Es que piensan? Eso no me lo imagino.

Busco en mi teléfono uno de los libros de *Fugas de tinta*, la antología que reúne lo que escriben en los talleres.

—Escucha lo que piensa uno de ellos:

A veces la Policía nos ve y nos oye. Entonces nos vamos a la cárcel. Y la palabra se va con nosotros. En un tiempo estamos libres. La palabra, más inocente que nosotros, sale modificada completamente, como viniendo de otra familia, de otro idioma, con otro sonido, pero siempre conservando su linaje cómplice. Al cruce del miedo con el peligro, de pura libertad con la rutina hablante, las palabras adquieren con nosotros raza de palabras, dichas, usadas para callar, para ocultar, para desfigurar, para burlar sapos... Puras palabras deliciosas. Nos defendemos diciéndole 'pesebre' a la marihuana, o 'trabajador del sueño' al ladrón nocturno de apartamentos, o 'parca' al carro de la Policía, o 'delicioso' al cuerpo del delito. Hay palabras que entran mucho en la cárcel. Como el delito siempre queda libre y hay que recuperarle impunidad y silencio, entonces intervenimos rápidamente: le cambiamos de nombre. Para eso somos los académicos de la no palabra. Hay otras palabras que salen de la acechanza, del robo, de la mendicidad, de la cárcel y, sin embargo, se vuelven demasiado callejeras. Todo el mundo resulta usándolas, todos los gremios las adoptan, las prestan. Tanto roce las desgasta, las hace inútiles. Entonces nosotros, recostados al papel de la canalla, diplomáticos del silencio cómplice, académicos de la no palabra, nos encargamos del asunto: buscamos otra que nos mantenga varios pasos delante de la vigilancia. Y siempre para que nos defiendan, para que nos oculten del mal. Para que nos desfiguren ante el policía y nos conviertan en pared, en sombra, en viento, en árbol, en nada. Usted verá muchas palabras defensivas en nuestra manera de hablar, no se extrañe por eso. Aquí todo pertenece a lo sumergido, a lo que ha perdido el control. Usted no se imagina lo que cuesta defender una vida así. Yo vivo en un mundo donde es más lo que hay para callar que para hablar. Nuestras palabras están de paso por todos los 'parches' de la ciudad. En movimiento, lisas, inciertas, brillando como arenas, haciendo lo mismo que nosotros: deambulando, apretujándonos a las no cosas de esta ciudad desechable...

—¡Es increíble! —dices.

—Sí, es inteligente este escritor.

—No imaginé que un preso pudiera escribir así. ¿Y ese por qué está preso?

—Es un estafador. Son los mejores escritores.

—¿Qué grado de educación tiene?

—Tercero de bachillerato. Vieras la letra tan hermosa, falsifica firmas.

—Trabajar con prisioneros... nunca lo imaginé.

—A los presos ya no se les dice prisioneros, les dicen PPL: personas privadas de la libertad. Como si eso les hiciera más dulce la cárcel.

—Sí, ahora se trata de dulcificar todo.

—Los eufemismos son camuflaje.

—Ocultar, negar lo que ocurre. ¡Mermelada!, ayudan a no pensar. Todo eufemismo es un falso positivo.

—¿Son la esencia del protocolo? —pregunto.

—¡Qué dicha no pensar! Y no llamar a las cosas por su nombre. Mejor darles otros nombres: no te abandoné, te libré de mí —dices desafiante.

Sentí náuseas.

Silencio.

Te acomodas y sigues:

—El prestigio, se trata de cuidar el prestigio de las personas. También el protocolo es para eso.

—¿El prestigio?

—El prestigio es lo que no sabemos de alguien. Eso fue lo que aprendí en la vida. No hay nada más frágil que el prestigio. Simular, somos simulación. Ahora a alguien se le ocurre inventar una calumnia, o decir una verdad vergonzosa, de esas que todos tenemos, y hasta ahí llegó el prestigio. Los únicos que pueden tener prestigio en esta época son los seres anónimos. Si te haces muy visible, alguien dirá algo sobre ti, cualquier cosa, por falsa que sea y la gente suele pensar: "Si eso dicen, por algo será". Lo mismo que cuando matan a alguien: "Si lo mataron, por algo será".

Silencio.

—Estoy cansada.

—Hasta mañana, Miss Williamson —digo.

—Hasta mañana, Sir Williamson —respondes flemática.

Vuelvo el domingo en la tarde. Estás excitada, como si fuera a ocurrir algo muy esperado.

—¿Qué pasa? Estás contenta hoy.

—Sí, me gusta hablar contigo.

Me das a leer un fragmento de un poema que has copiado:

He visto las mejores mentes de mi generación estrellarse contra un muro de ideas que antes se estrellaron contra un muro de gente. Las he visto izar banderas y quemarlas después. Aplaudir desenfrenadamente en sus tribunas y con el mismo desenfreno abominarlas luego en tribunas de otros. Las mejores mentes de mi generación quisieron cambiar el mundo con bombo y pandereta a una hora en que el mundo se cambiaba a sí mismo con saña y maldición.

—¿De quién es? —pregunto.

—De Albertico Rodríguez, un poeta cubano que vivía por acá a la vuelta —eso es lo que pienso que debe contar mi novela. Fue lo que viví yo.

Te asalta un dolor y te vas doblando. Palideces. Me pides que te deje sola. Regreso una hora después.

Estás tendida sobre la cama. Tienes el televisor a todo volumen. Miras la pantalla y vas comentando las noticias. El presidente aparece hablando sobre la paz.

—Ese engreído, a duras penas me saluda. Se cree de mejor familia.

La propaganda sobre el reconstituyente Vida Plus no me deja seguir escuchando tu diatriba. Lo agradezco. Sin embargo, te pido que le bajes al volumen para poder oírte. Apagas el televisor y ya no vuelves a hablar. Te cubres con la manta como un avestruz bajo sus alas.

Desapareces bajo tu carpa íngrima. Estás cansada. Yo también. Al verte inerte y vencida me invade un amor nuevo por ti. Siento que la vida te ha tratado con una rudeza que te hizo ruda. Agradezco que pierdas por momentos el tesón de tu frialdad, que sea vencido tu acero; ahora eres humana, derrotada eres humana; derrotada, enferma y en silencio. Liberada de ti, de tu maledicencia, de tu protocolo, así eres la mejor mamá.

—Williamson, somos Williamson —dices, ahogada tu voz bajo las mantas.

Cierro los ojos. Aparece ante mí un conejo blanco de ojos rojos. Uno de los que cuidé cuando ya no tenía casa. Vienen de lejos las imágenes de Catalina y la abuela; de Isaura Reina; de los compañeros de inquilinato con los que nos prestábamos jabón, café, azúcar y nunca nos cobrábamos y nunca nos pagábamos; Laila y sus pies aéreos; Eugenia y la noche de los tomates; Luis y su camión de mudanzas; Fabio y su droguería; Ernesto Fernández, que me llevó de carambola a la fábrica de mentiras; los seres de la noche en el centro de Cali; Víctor Saavedra, mi entrenador de ajedrez; Marcos Silva y Liliana; Lucila, la señora que me fiaba albóndigas en una esquina de la Calle del Pecado; Echavarría y su desmesura; Esther y su cariñosa ceguera, su amor en braille. Esa es mi familia, no tengo otra, no necesito más. Ausencias de por medio, soledades de por medio, amigos de por medio, avanzó la vida. Siento que fue lo mejor, que mi padre está conmigo, que no me dejará solo, que bajo su tutela estoy a salvo.

Quiero terminar con la tarea que mamá impuso, y que es la única tarea que me pidió en la vida. Poder contar a mamá la vida que he tenido, siento urgencia, una hermosa necesidad de hacerlo. Necesito que sepa de mis labios que pude vivir. Que traté de no repetirme, y que comprenda que lo que ocurrió fue lo mejor que pudo ocurrirme.

Prendo la grabadora y escucho:

Nací en Barcelona el 12 de noviembre de 1935. Mi padre, Ignacio Ortiz, era cónsul en esa ciudad. A papá le tocó el asunto de la masacre de los clérigos colombianos asesinados por los anarquistas. Fue durante la Guerra Civil española. Entonces nos fuimos a Italia.

Apago. Me voy a Luvina, la librería-bar de la esquina, me tomo un trago doble. En el altillo hay un grupo de estudiantes, están leyendo *El Capital*. Llenos de entusiasmo como mi padre medio siglo atrás. Algo que era peligroso terminó siendo casi una ingenuidad. Al día siguiente vuelvo a escuchar la grabación. Confirmo que no recuerdas nada de nosotros, nada. No eres capaz de referir una anécdota protagonizada por alguno de tus hijos. Algo divertido o tierno o doloroso. Nada que nos diera lugar en tus recuerdos. Nos olvidaste. Como en el protocolo se excluye de la ceremonia a quien se olvidó, simplemente no se menciona. No está, aunque esté.

Intento otra vez con la grabadora, escucho:

Creo que no me he muerto a pesar del maltrato que me he infligido por estar desde niña con una parte de mí muerta, la mano y el brazo izquierdos. He jugado a ser de izquierda, pero soy de derecha.

Se escucha tu risa, risa autosatisfecha de los propios chistes crueles. Aunque forzados, forzados hacia la crueldad.

Adelanto la grabación:

Entonces me metí al mundo de la televisión para jugar a las vidas deslumbrantes y a los seres felices que sonríen con encanto en las pantallas. Modelos del éxito, seres hermosos, armónicos, de dientes perfectos, cuellos espigados, cuerpos saludables y una seguridad a prueba de todo. Todo lo contrario de lo que soy.

Entro a tu habitación. Bajo las mantas se mueve tu cuerpo que ahora pesa treinta y cinco kilos.

Hablas para ti como en un delirio: "Había en Zipaquirá un ladrón de ángeles. Los robaba del cementerio. Los robaba para venderlos a las familias de los desaparecidos. Los desaparecidos son ángeles para quienes los perdieron, él los robaba y los vendía a los seres queridos. Con la plata de los ángeles se compró un reloj de pulso". "Me quitaste a mis hijos, me acusaste para quitármelos, son todos tuyos, todos tuyos".

Te incorporas y me miras sorprendida de que esté allí. Vuelves a acostarte.

Dices:

—Antes las canciones hablaban de los sentimientos… ahora nos invadió el reggaetón, las canciones esas sólo hablan de los genitales.

Te quedas en silencio. Luego de un rato dices:

—Se llamaba Alma, la segunda esposa de mi padre. Y mi hermana también, Alma.

Te quedas suspendida en la mitad de algo que quieres decir, pero callas como si no alcanzaras a completar la oración para decirla. Al fin logras reunir las palabras:

—Perder lo que más se pueda, cuanto más temprano, mejor.

Queda una vacunada contra el sufrimiento, ¿sabes?, mientras más temprano, mejor.

Tu voz es fatiga, en tu voz hay un eco de caída. De pozo profundo.

Otra vez en silencio, te ocultas; la manta se mueve al ritmo de tu respiración. Me voy a la ventana. El viento mueve los eucaliptos. Cae una granizada, los granizos se cruzan entre sí como zurciendo un tejido que cubre lentamente todo de blanco. El color salmón de Salmona se va borrando con el puntillismo blanco del granizo.

—Algo debes recordar de nosotros —te digo—. Cuando nos conocimos me contaste que yo había sido el más esperado porque habían perdido a una niña, y que te cuidaron y te cuidaste mucho durante el embarazo.

El granizo golpea el cristal de la ventana. Es hermosa su música arrítmica, su llamado.

Miras hacia la ventana. Te quedas atenta escuchando. Tomas aire y dices en tono suave:

—En una época los novios tiraban piedritas a las ventanas de las novias para que se asomaran. Sonaba así. A veces llevaban serenatas.

Te quedas mirando la ventana. Pareces concentrada en la música del granizo.

—Tuvimos una librería, se llamaba La Tertulia. Recuerdo que Silvia y tú, para poder ver las ilustraciones, ponían sus mentones en cada uno de mis hombros mientras les leía. Cuando había que pasar la página yo movía el hombro y Silvia pasaba la página.

Te serenas como mirando un lugar nuevo, admirada y atenta. Pescando un recuerdo.

—Un día estábamos con tu papá, desnudos en la bañera, abriste la puerta, entraste al baño y te metiste a la bañera. Querías jugar con nosotros. Nosotros no estábamos jugando, estábamos en lo nuestro. Terminamos haciendo las dos cosas al tiempo. Arriba del agua estabas tú, izado por los brazos de tu padre, bajo el agua seguíamos nosotros haciendo el amor.

Alcanzas a sonreír, luego cierras los ojos, pareces dormida.

—Nunca había recordado eso, ocurrió hace tanto, y mira, ha venido de pronto, tan claro, parece que acabara de ocurrir.

Estás plácida, te vas dejando ir en ensueños o recuerdos, en un silencio dulce.

—¿Dónde vivíamos?

Te quedas cavilando.

—Aquí no más, a tres calles, arriba del Teatro Faenza. Señalas hacia el sur.

—Voy a dormir —dices.

Me retiro.

Entro al baño, en un aparador están las lociones de tu segundo esposo que murió siete años atrás. Contaste que tuvo una agonía larga y muda. Elijo un frasco que aún tiene líquido, quiero saber qué fragancia usaba, a qué te olía él cuando lo medioabrazabas. Al levantar el frasco tropecé otro de Agua de Florida, cayó al piso y se rompió. La infancia regresó: papá nos llevaba a la peluquería. Allí ponían una tabla sobre los brazos de la silla, nos sentaban en ella, el mentol inundaba el ambiente, mantas blancas volaban sobre nuestras cabezas y nos cubrían en cámara lenta. Después las tijeras claqueaban su canción; al final, la navaja pulía las patillas y la nuca. Para terminar, el Agua de Florida nos dejaba un frío picante y una sensación astringente en el cuello. Papá compensaba nuestra disposición con la compra de un helado o un yoyo profesional de Coca-Cola.

Me voy a dormir, sueño con el viaje, y con una discusión sobre la palabra leviatán y la levitación de las ballenas.

Al despertar voy a despedirme. Entro a tu habitación, me asusta el silencio; estás aún bajo las cobijas, casi invisible, no logro distinguir qué son las cobijas y qué eres tú; parece una cama sin tender, como si ya te hubieras levantado, pero sé que estás allí, con tu flacura y tu tesón de acero. Pienso en el piano del *Orazio,* en el silencio de su arpa, en el tiempo que ha pasado desde ese primer naufragio, veo el tiempo y tus luchas, tu fiera manera, tu resistencia, deseo la media felicidad de tu abrazo.

Veo la poca gente que pasa por la calle. Imagino alegrías ocultas, sonrisas tras los tapabocas, nuestras burkas. ¿Cómo será perder el gusto? Algo que hemos cultivado desde niños, que hemos depurado y es nuestro mayor gozo. No saber a qué sabe lo que nos alimenta. Tener el recuerdo, pero no poder disfrutar el sabor. Es como tener hijos y no saber quiénes son, qué fue de ellos. Saber que están, pero no saber. Me pregunto: ¿y si nos extinguiéramos?

Recuerdo algo que transcribí; a veces transcribo textos que me parecen hermosos o inquietantes para sentir palabra a palabra lo que son, era de Borges: "Quizá me engañen la vejez y el temor, pero sospecho que la especie humana está por extinguirse y que la Biblioteca perdurará: iluminada, solitaria, infinita, perfectamente inmóvil. Armada de volúmenes preciosos, inútil, incorruptible, secreta".

Te escuché balbucear:

—Perdóname.

Me asaltó una ráfaga de amor, quise darte un beso, creí que ibas a morir y que estabas buscando paz para hacerlo. Me acerqué hasta tu cama. Me incliné; escuché con nitidez:

—Ya no quiero que escribas mi novela, mejor cuéntame tú, cuéntame.

—Mañana debo viajar, cuando regrese de Portugal te contaré todo, mamá.

Te quedaste mirándome curiosa, como diciendo: quiero saber. Moviste la mano despidiéndome.

—Buen viaje… Lisboa es hermosa, vas a ver, hijo.

Al salir caminé por el Parque de la Independencia. La granizada había dejado retazos de su nieve esférica sobre la hierba.

Me entretuve armando figuras. Logré un barco hundiéndose. También un rostro que embellecía el deshielo. Seguí. Llegué a la Biblioteca Nacional. Al lado derecho de la fachada principal del edificio había algo nuevo. Una urna del tiempo con el aspecto de un cubo de Rubik averiado. Será abierta en el 2070 y reúne obras de escritores colombianos, audios y un ejemplar de cada uno de los libros que han ganado el Premio Nacional de Literatura. Sentí un corrientazo de vanidad. Una ebriedad momentánea. Pensé contarle a mamá. Acto seguido me invadió una vergüenza. Me sentí ridículo imaginando ese momento. ¿Pero por qué no? Seguí caminando, la pugna entre vanidad y vergüenza no cesaba. Llegué al Planetario. Me arrimé a la cartelera. Al lado de la programación había un recorte de periódico pinchado con alfileres, leí:

El fin del universo

El gas de las galaxias se agotará y no permitirá que nazcan nuevas estrellas. Es lo que se conoce como "muerte del calor", el universo estará compuesto por agujeros negros y estrellas agotadas; todo quedará mortalmente tranquilo.

Al final de todas las cosas quedarán las estrellas más pequeñas, que no estallan sino que se convierten en enanas blancas: este es el destino que le espera al Sol.

A partir de ese momento el universo quedará muerto y en silencio. Para entonces, el aspecto del universo no se parecerá al que hoy conocemos: "Las galaxias se habrán dispersado, los agujeros negros se habrán evaporado, la expansión del universo habrá alejado tanto los objetos que ninguno verá a los otros explotar. Será físicamente imposible que la luz pueda viajar tan lejos". Solo quedará una negrura infinita.

Mi reciente vanidad se disipó. Seguí caminando. Llegué al Teatro Faenza. El cielo olía a transparencia. La luna nítida, llena, dejaba ver su conejo casi imaginario. Venus, azul-iridiscente, y Marte tintineaban. Los sentí más próximos que nunca. Estábamos en los minutos de la comunión: el día y la noche juntos al fin, pocos, efímeros minutos en que se toleran, se exaltan. Dicha fugaz como la estrella que rayó ese instante: chispa de hielo como mi madre.

En Lisboa nos alcanzó la noticia: "Ha muerto tu mamá", decía el mensaje de texto. No lloré. Entré en un retraimiento profundo. Silencio retrospectivo. Ahora, frente al hecho rotundo de tu muerte, mi vida ignorada se impone con una nitidez nueva. Como una vindicación, como una canción que hay que cantar. Miré las calles y vi los fragmentos de piedra que lucen los andenes de Lisboa. Recordé haber leído que fue tras el terremoto que la devastó en 1755 cuando, a falta de otros materiales, decidieron utilizar los escombros para reconstruir con ellos las *ruas*. Caminan sobre los lustrosos escombros de su destrucción. Recordar mi vida para contarla a mi madre será como armar un sendero con fragmentos, piedras claras, oscuras, mosaico de una vida truculenta y azarosa. Una vida nómada, nómada, sin tribu. Y que nunca escuchó.

AGRADECIMIENTOS

A Gloria, por su incesante aliento.

A Esther Fleisacher, por su entusiasmo y su lectura minuciosa.